¡PURO MEXICANO!

LA SERIE ¡PURA!

ISBN 0-634-05709-X

HAL•LEONARD®
CORPORATION

7777 W. BLUEMOUND RD. P.O. BOX 13819 MILWAUKEE, WI 53213

Visit Hal Leonard Online at
www.halleonard.com

¡PURO MEXICANO!

AMOR SECRETO

Words and Music by
ALEJANDRO VEZZANI

Co - mo fui,
zón,

car de mí. ____ Te - nien - do que vi - vir. ____ } Es - te a - mor se -
mor por tí. ____ Y tú es - tás con él. ____

cre - to ____ que

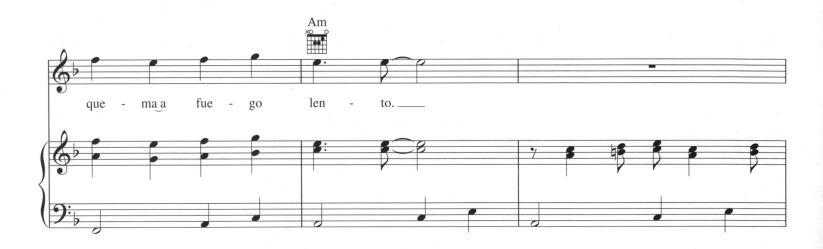

que - ma a fue - go len - to. ____

A - mor se - cre - to, ____ pro - ce -

sión que va por den - tro. ____ A - mor se -

cre - to, ____ e - na - mo -

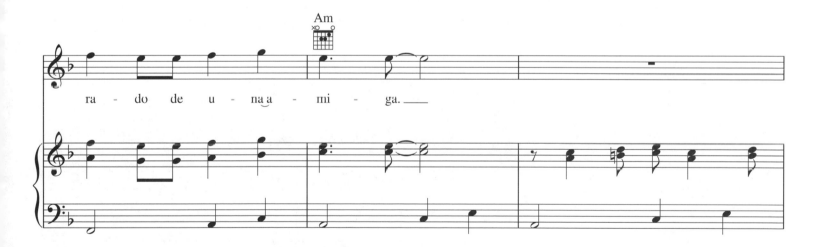

ra - do de u - na a - mi - ga. ____

A - mor se - cre - to, ____ el que te

To Coda ⊕

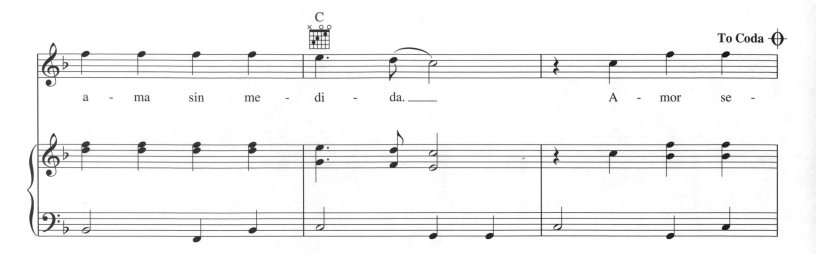

a - ma sin me - di - da. _____ A - mor se -

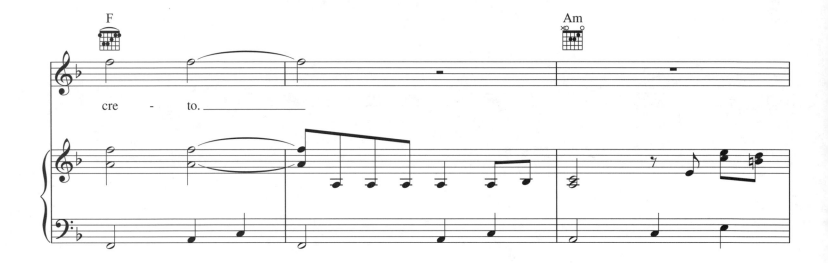

cre - to. _____

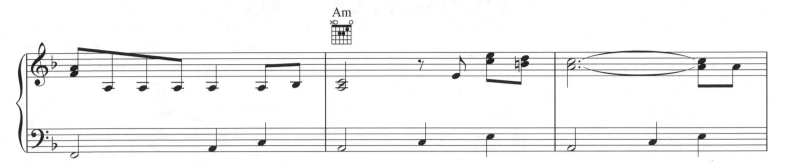

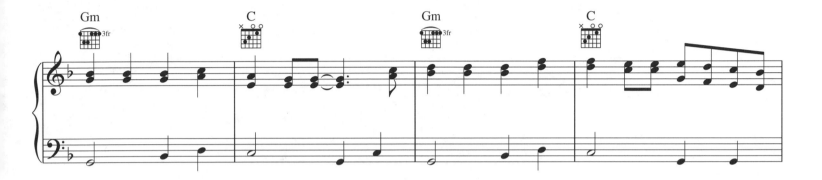

D.S. al Coda

Co - ra -

CODA

cre - to. _____

AMORCITO MÍO

Words and Music by
JOAN SEBASTIAN

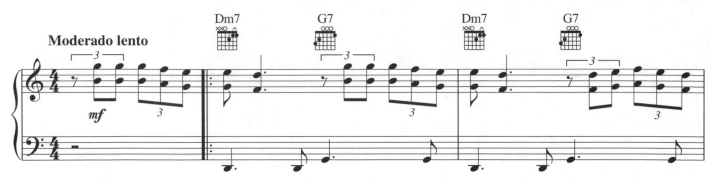

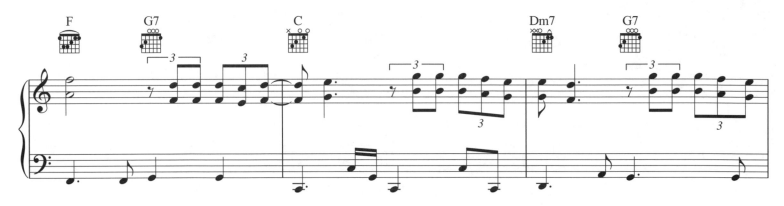

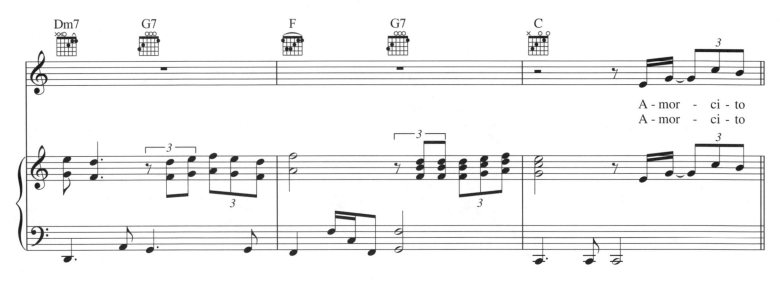

A - mor - ci - to
A - mor - ci - to

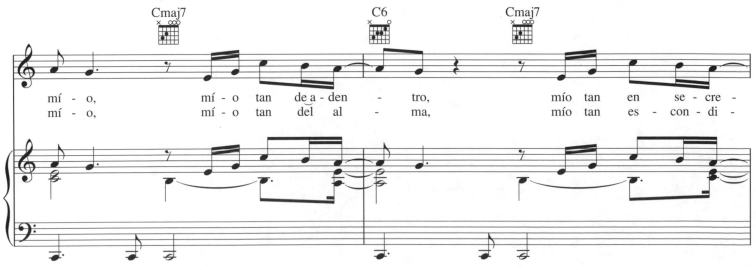

mí - o,   mí - o tan de a - den - tro,   mí - o tan en se - cre -
mí - o,   mí - o tan del al - ma,   mí - o tan es - con - di -

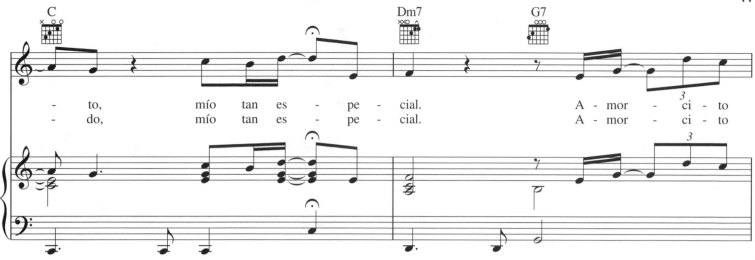

-to, mío tan es - pe - cial. A - mor - ci - to
-do, mío tan es - pe - cial. A - mor - ci - to

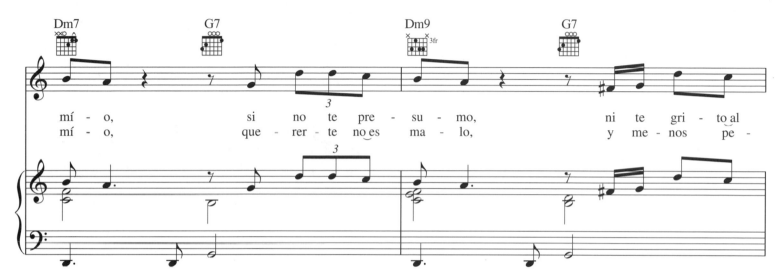

mí - o, si no te pre - su - mo, ni te gri - to al
mí - o, que - rer - te no es ma - lo, y me - nos pe -

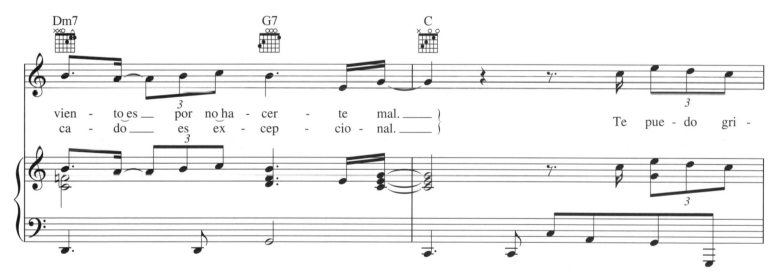

vien - to es __ por no ha - cer - te mal. __ }
ca - do __ es ex - cep - cio - nal. __ }

Te pue - do gri -

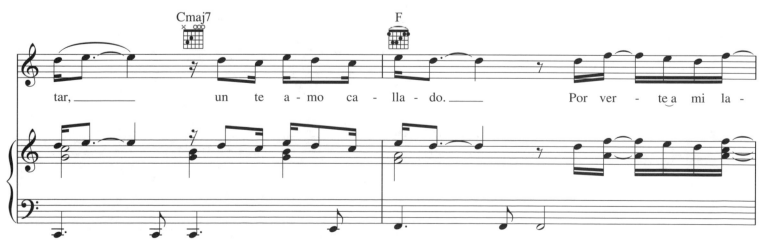

tar, _____ un te a - mo ca - lla - do. __ Por ver - te a mi la -

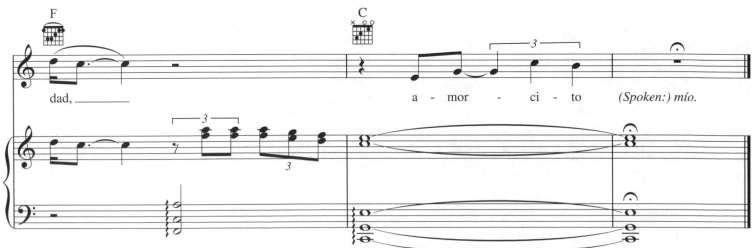

BORRACHO

Words and Music by
FELIPE VÁLDEZ LEAL

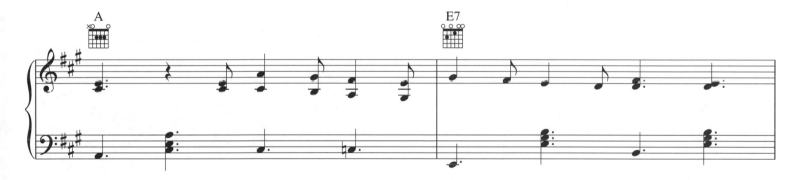

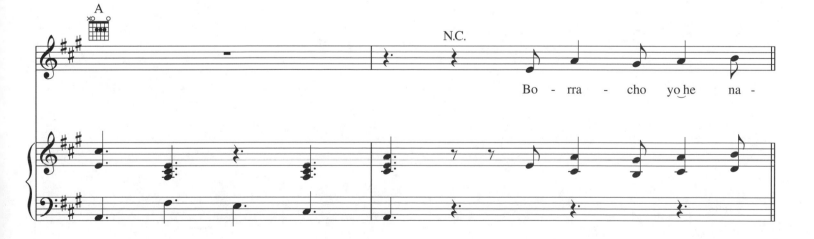

Bo - rra - cho yo he na -

que i - rre - me - dia - ble - men - te yo ten - go que se -

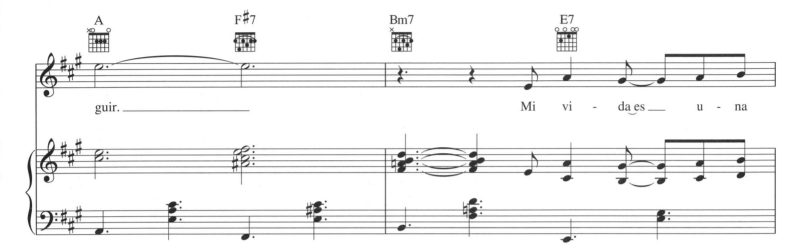

guir. _____ Mi vi - da es __ u - na

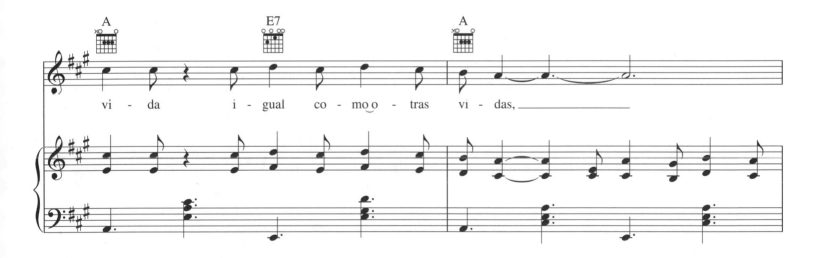

vi - da i - gual co - mo o - tras vi - das, _____

tra - ge - dias __ y co - me - di - as __ que más pue - den exis -

tir. _____ To - dos go - zan lo

mis - mo, _____ to - dos su - fren lo

mis - mo, _____ es u - na ley e -

ter - na _____ de llo - rar y de

reir._____ ¿Qué cul - pa ten - go

yo_____ de que me gus - ta el

vi - no_____ si en - cuen - tro en la em - bria -

guez_____ di - cha y dul -

zu - ra? ¿Qué cul - pa ten - go

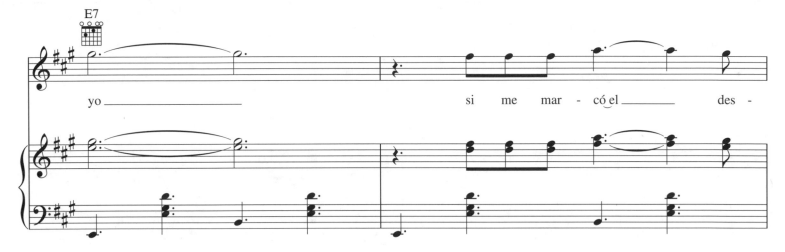

yo si me mar - có el des -

ti - no el bál - sa - mo que a -

li - via mi a - mar -

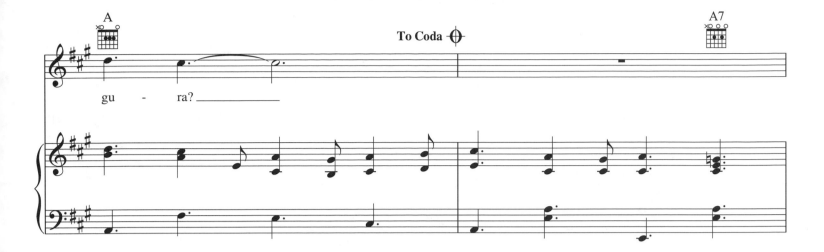

gu - ra? _____

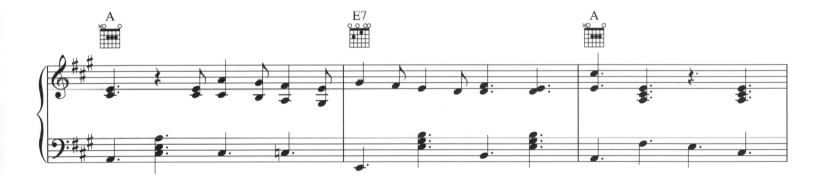

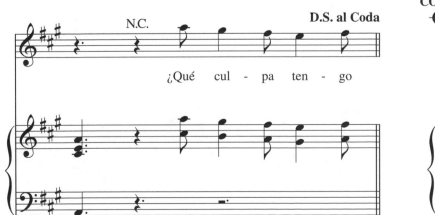

N.C. D.S. al Coda

¿Qué cul - pa ten - go

CODA

A(add9)

COMO PUDISTE

Words and Music by OMAR VALENZUELA,
JOEL LIZÁRRAGA and GERMÁN LIZÁRRAGA

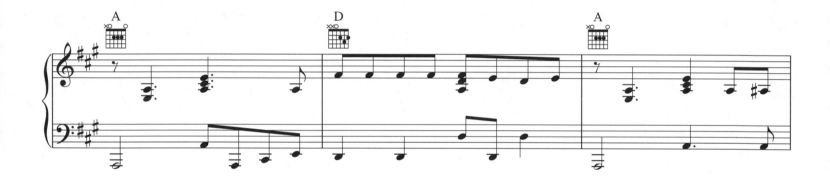

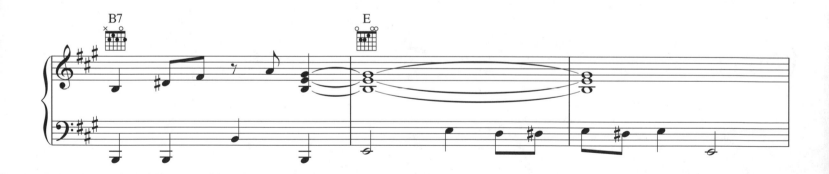

Quien i - ba a pen - sar

que no me que - rí - as. Que te i - ba a en con -

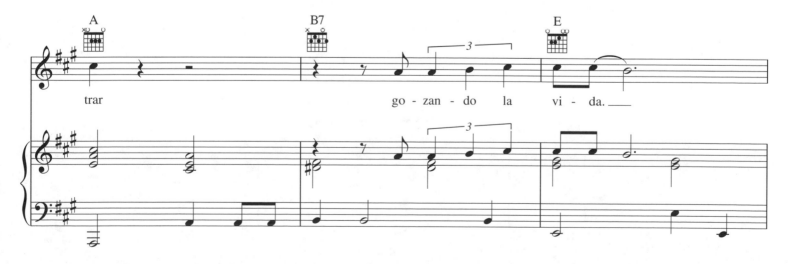

trar go - zan - do la vi - da.

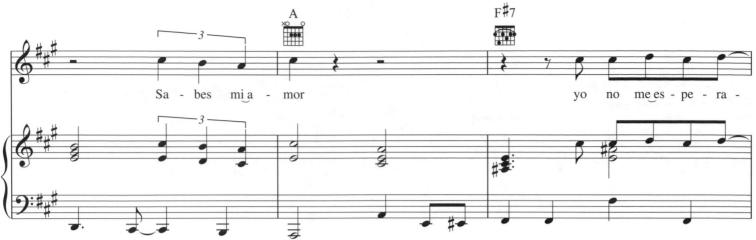

Sa - bes mi a - mor   yo no me es - pe - ra -

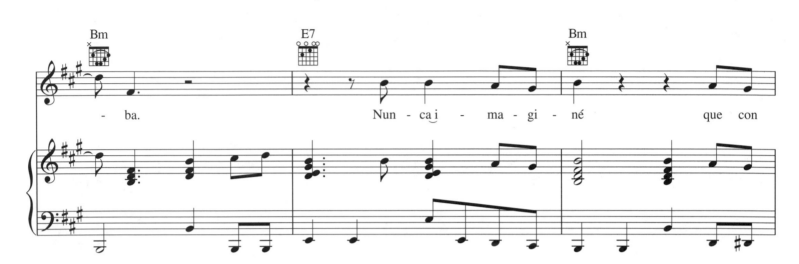

- ba.   Nun - ca i - ma - gi - né   que con

o - tro me i - bas a en - ga - ñar. _____   Co - mo pu - dis -

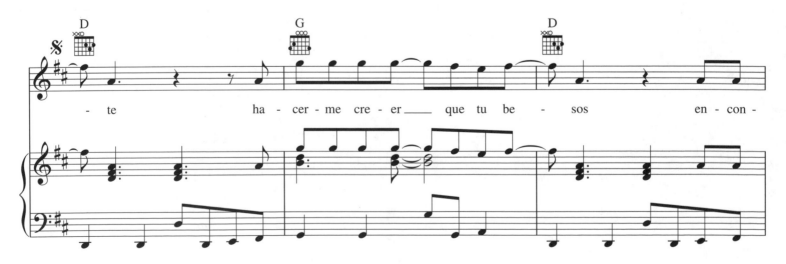

- te   ha - cer - me creer _____ que tu be - sos   en - con -

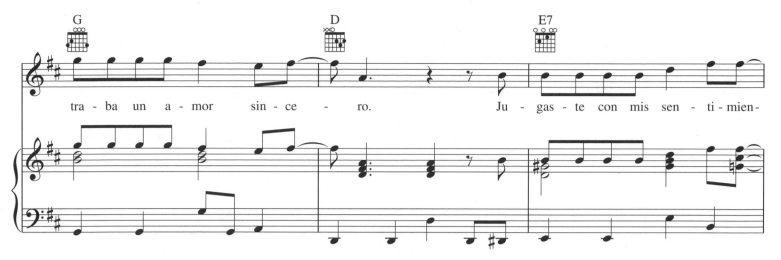

tra - ba un a - mor sin - ce - ro. Ju - gas - te con mis sen - ti - mien-

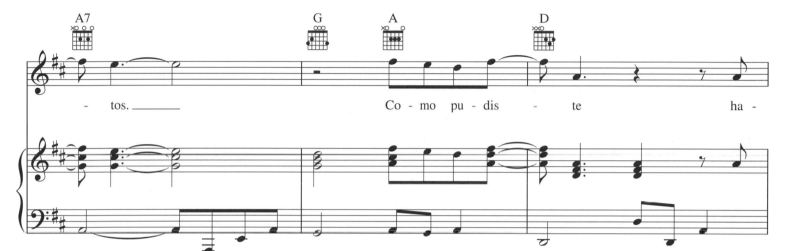

- tos. _____ Co - mo pu - dis - te ha -

cer el a - mor _____ con o - tro des - pués de a - que - llos be - llos mo - men-

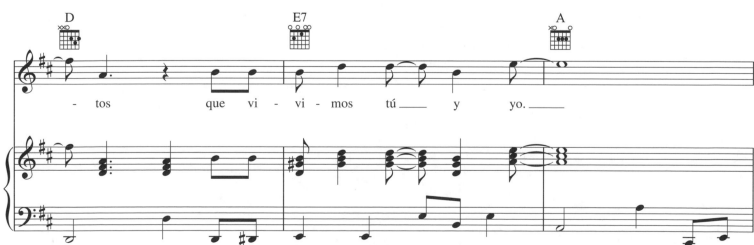

- tos que vi - vi - mos tú _____ y yo. _____

Nun - ca i - ma - gi - né   que con   o - tro me i - bas a en - ga - ñar.

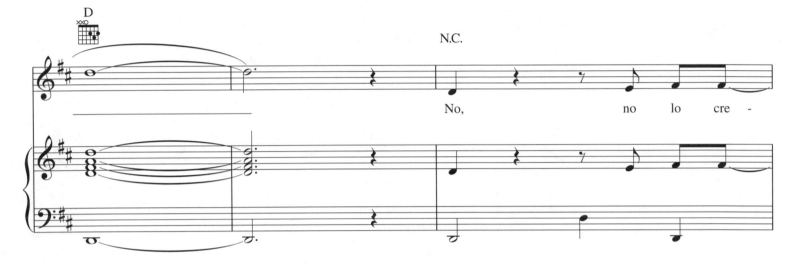

No,   no lo cre -

- o,   por - que a - sí   lo qui - sis - te.   Aun - que

mue - ra por den - tro   sé que vas a a - rre - pen - tir -

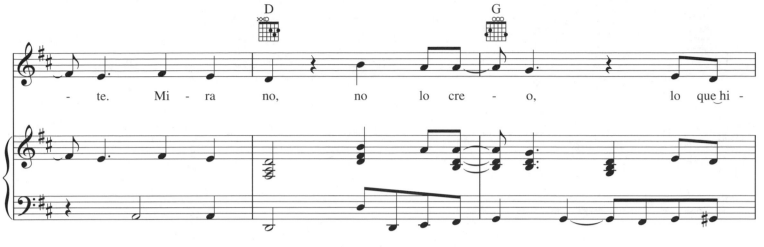

te. Mi - ra no, no lo cre - o, lo que hi -

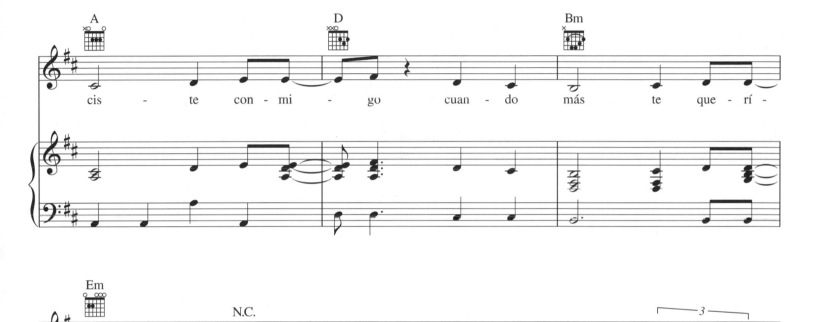

cis - te con - mi - go cuan - do más te que - rí -

- a. _____ Que ton - to yo

fui al ha - ber - te crei - do.

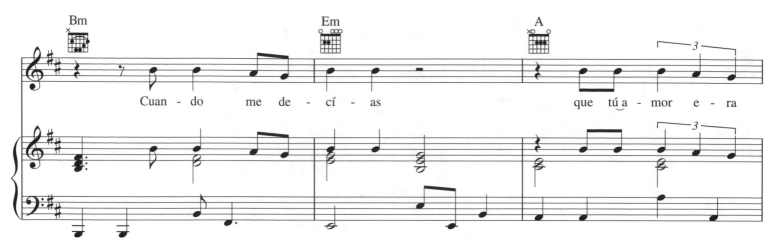

Cuan - do me de - cí - as que tú a - mor e - ra

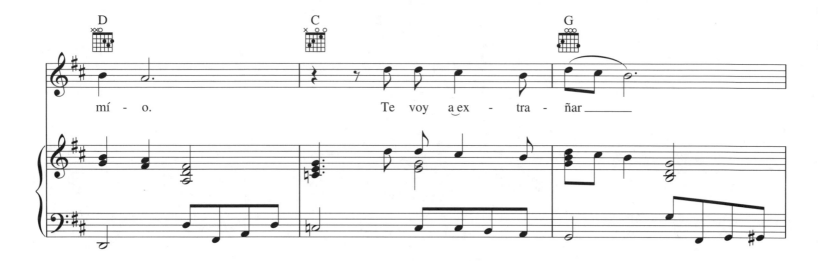

mí - o. Te voy a ex - tra - ñar _____

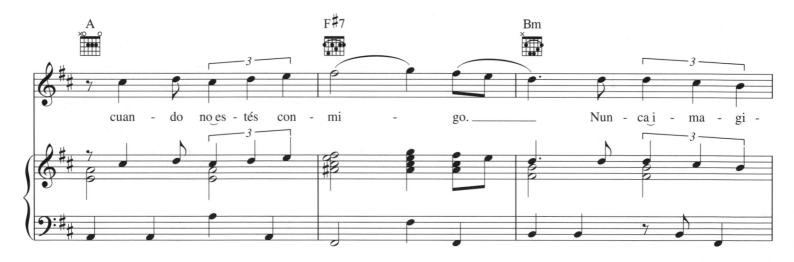

cuan - do no es - tés con mi - go. _____ Nun - ca i - ma - gi -

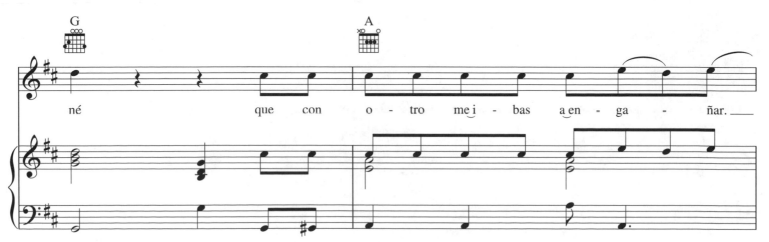

né que con o - tro me i - bas a en - ga - ñar. ___

D.S. al Coda

Co - mo pu - dis -

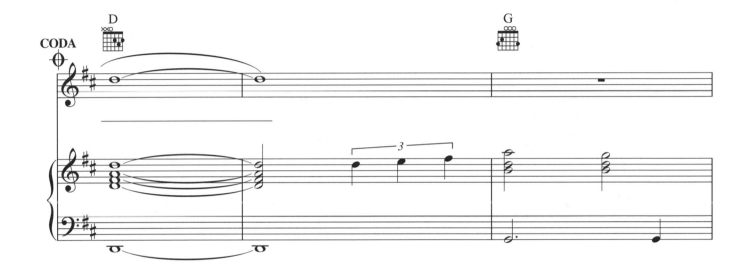

CODA

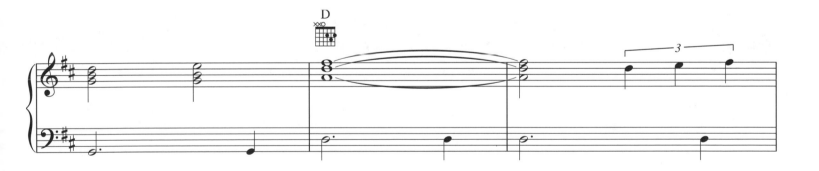

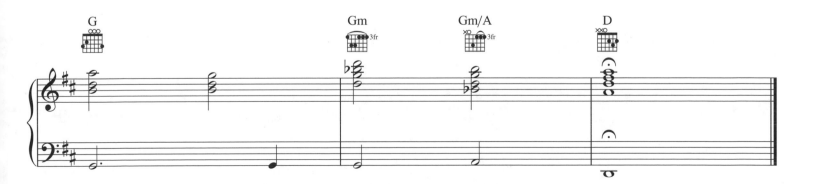

DERECHO A LA VIDA

Words and Music by
CUCO SÁNCHEZ

rran - das _____ y no se a - ca - ba mi llan -
rey _____ lo ta - pa u - na ___ tris - te
suer - te _____ me trae de los ___ me - nos cuer -
cio - nes? _____ ¿Pa - ra que son ___ tan - tos bron -

C

- to. _____ De a - que - lla suer - te tan
nu - be. ___ Di - me in - fe - liz co - ra -
- nos. ___ Si __ pier - des hoy co - ra -
- cos? ___ Si __ de es - te mun - do trai -

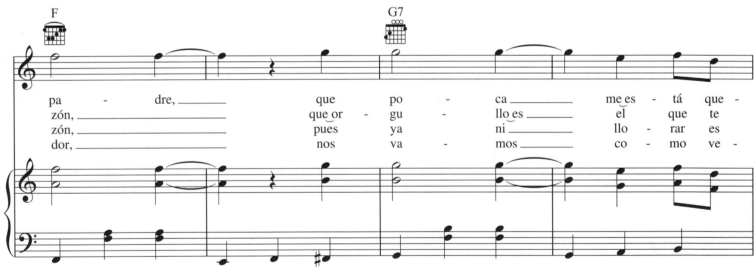

F   G7

pa - dre, _____ que po - ca ____ me es - tá que
zón, _____ que or - gu - llo es ___ el que te
zón, _____ pues ya ni ___ llo - rar es
dor, _____ nos va - mos ___ co - mo ve -

C   1, 3

dan - do. _____
su - bue - no. _____
ni -

be. _____
mos. _____

¿Dios mí - o

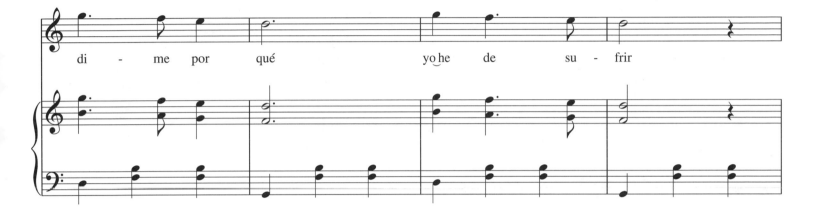

di - me por qué   yo he de su - frir

dí - a tras dí - a? _____

Si soy tu hi - jo Se - ñor,

To Coda ⊕

ten - go tam - bién   de - re - cho a   la

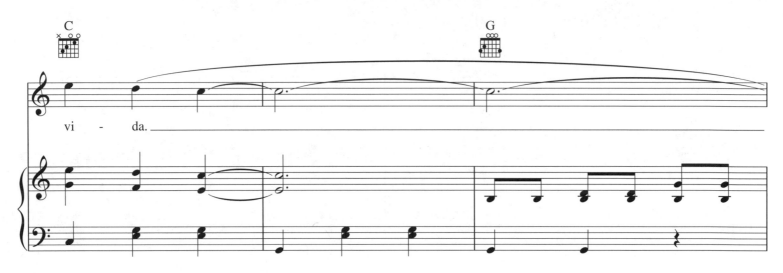

vi - da. _____

D.S. al Coda   **CODA** ⊕

F   C

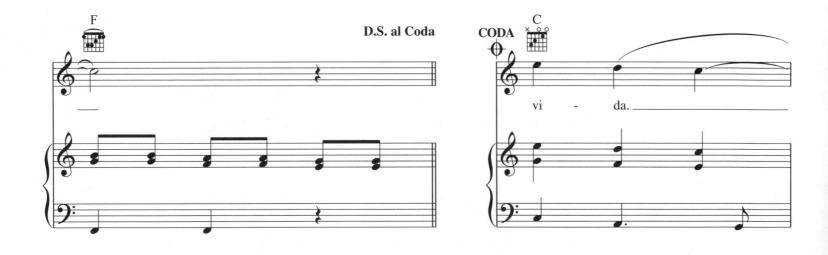

vi - da. _____

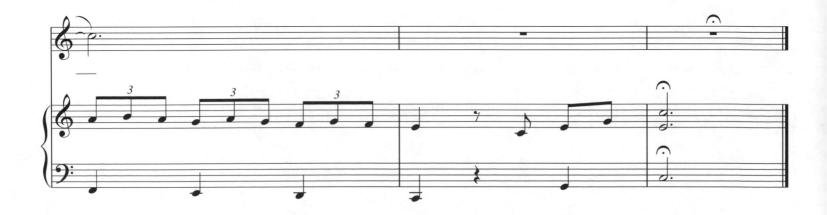

DESPRECIADO

Words and Music by
JUAN NAVARRTE CURIEL

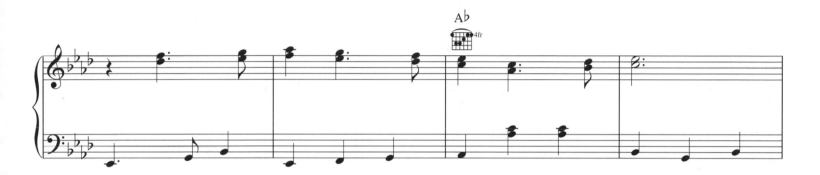

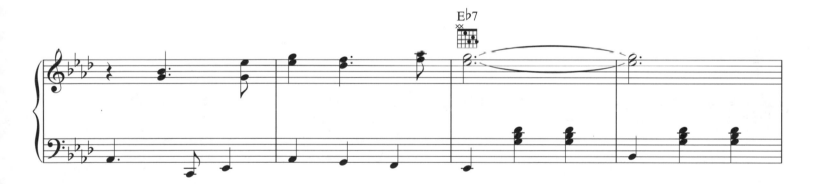

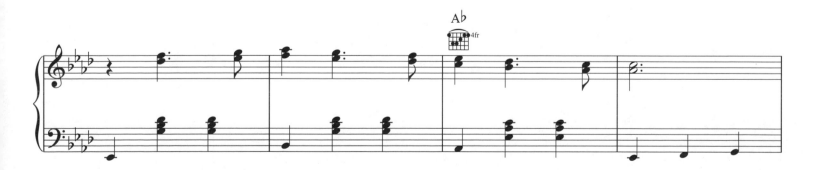

Me voy _____ a llo-
Dios ha _____ de man-

rar _____ al des - tie - rro de los ol - vi -
dar _____ un cas - ti - go pa - ra mi ven -

da - dos. _____ Don - de se pier - de
gan - za. _____ Pa - ra que rue - de

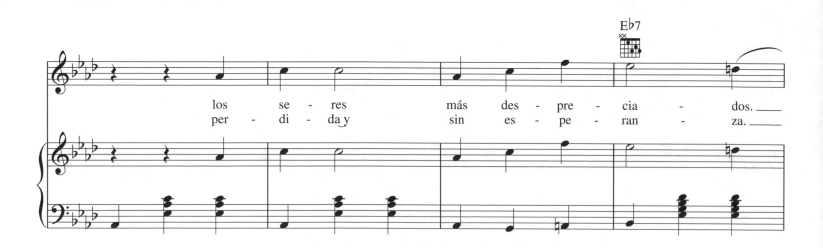

Eb7

los se - res más des - pre - cia - dos. _____
per - di - da y sin es - pe - ran - za. _____

Tú no su - pis - te que-rer - me,
Des - pués te man - de la muer - te,

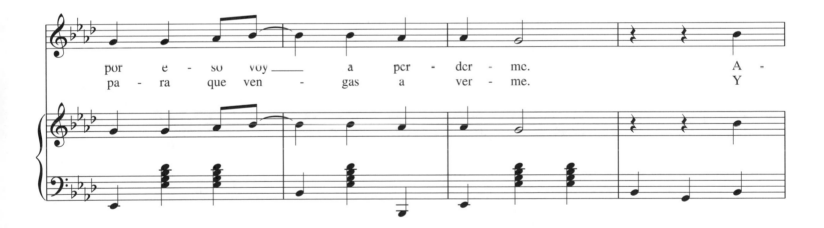

por e - so voy a per-der - me. A -
pa - ra que ven - gas a ver - me. Y

diós del mun - do i - lu - sio - nes, a -
pa - gues bien tu pe - ca - do y

36

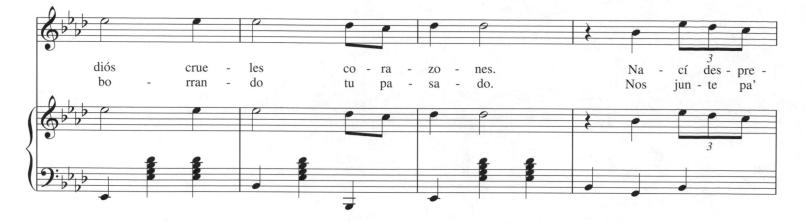

diós crue - les   co - ra - zo - nes.   Na - cí des - pre -
bo - rran - do tu pa - sa - do.   Nos jun - te pa'

Ab

cia - do   Dios sa - be por - que. _____
siem - pre,   pa' siem - pre mu - jer. _____

Eb7

Des - pre - cia - do me voy, _____

_____   des - pre - cia - do hu - mil -

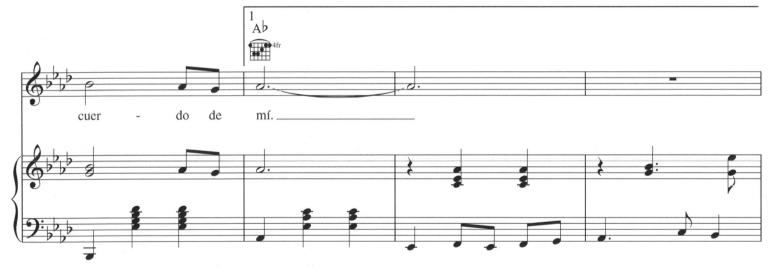

EL ANILLO GRABADO

Words and Music by
RUBÉN MÉNDEZ DEL CASTILLO

To - ma es - te a - ni - llo que tie - ne mi nom - bre gra -
Y si a tra - vés____ de los a - ños tú me has ol - vi -

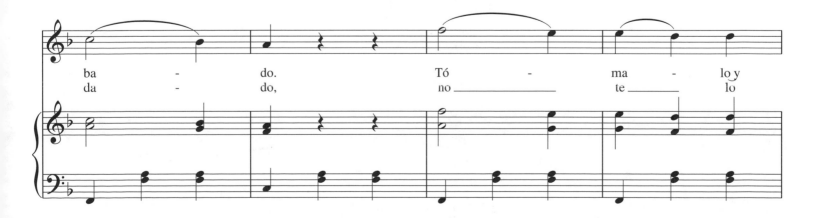

ba - do. Tó - ma lo y
da - do, no____ te____ lo

pón - te - lo
qui - tes no.
en el la -
Que es re - cuer

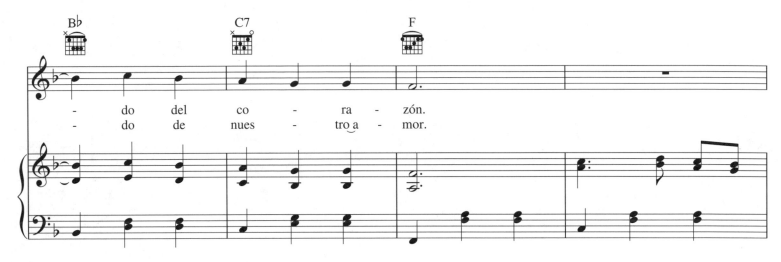

- do del co - ra - zón.
- do de nues - tro a - mor.

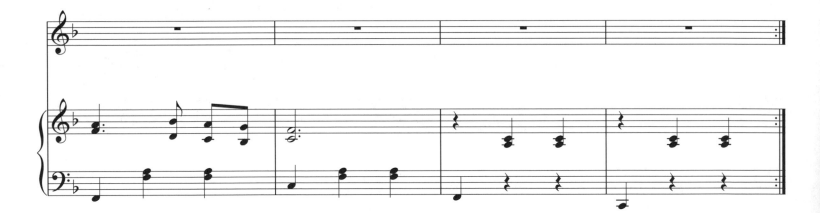

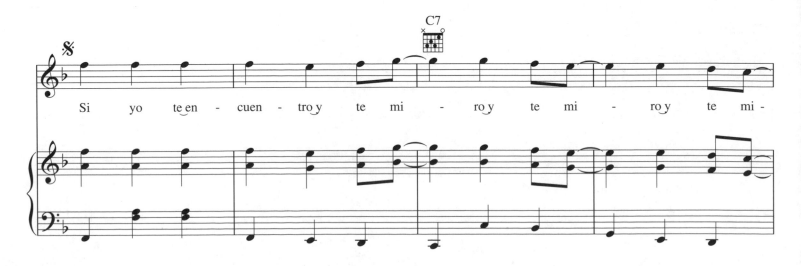

Si yo te en - cuen - tro y te mi - ro y te mi - ro y te mi -

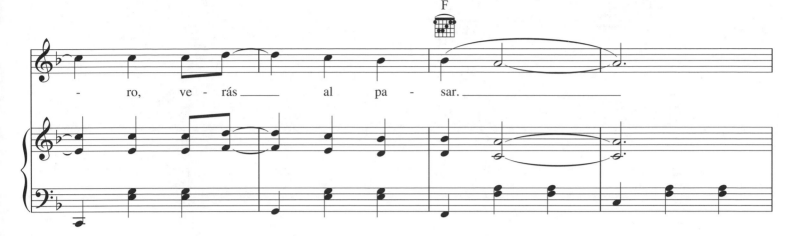

-ro, ve - rás _____ al pa - sar. _____

En - tre cor - ta - do sus -

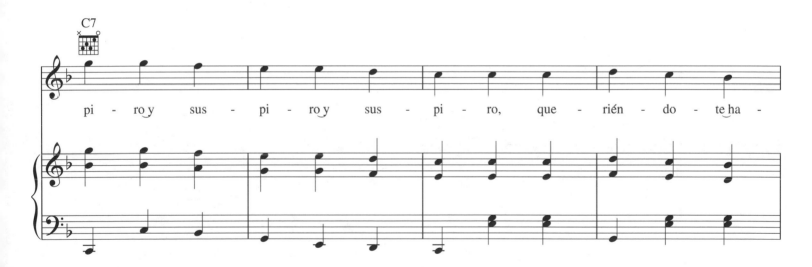

pi - ro y sus - pi - ro y sus - pi - ro, que - rién - do - te ha -

blar. _____

Y si en tu ma - no lle - va - rás a - ni - llo gra -

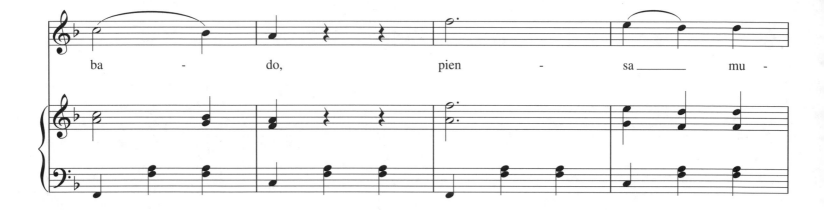

ba - do, pien - sa_____ mu -

jer_____ que yo soy el hom -

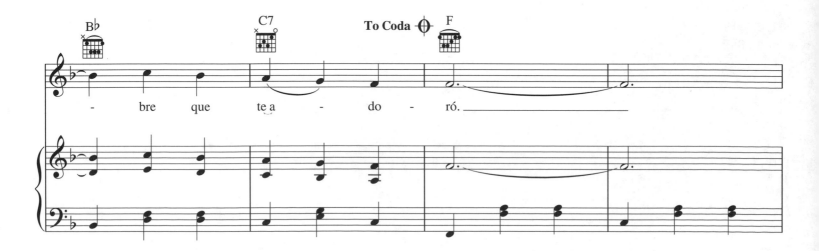

- bre que te a - do - ró. _____

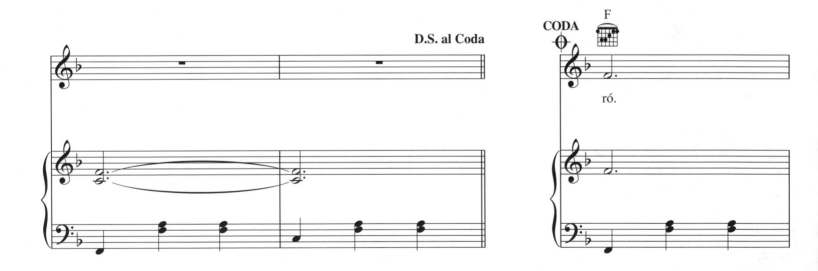

ró.

rit.

EN CADA GOTA DE MI SANGRE

Words and Music by
JOSÉ DE JESÚS PINEDO RAMOS

A - ho - ra es - ta - rás muy sa - tis -

fe - cha, ___ de ha - ber - me des - tro - za - do el ___ co - ra -

zón. _____ Me hu-bie-ras __ des-pre-cia-do en un __ prin-

ci - pi - o, ____ no fue-ra tan mor-tal mi de-cep-

ción. El día que te cru-zas-te por mi ca-

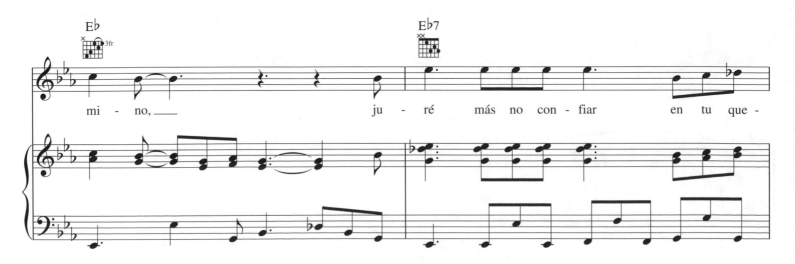

mi - no, ____ ju - ré más no con-fiar en tu que-

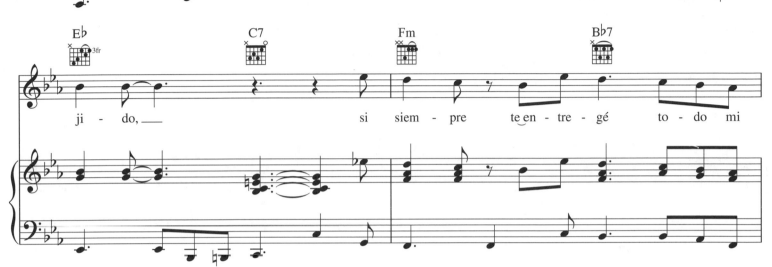

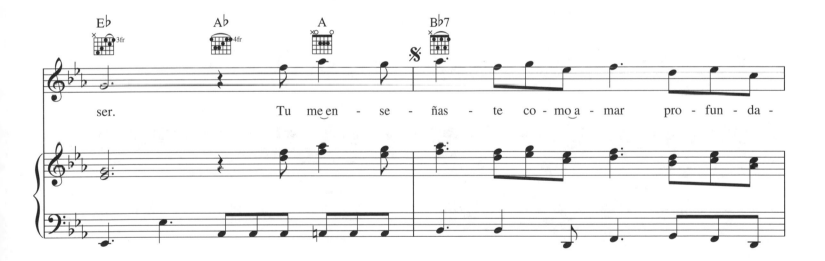

48

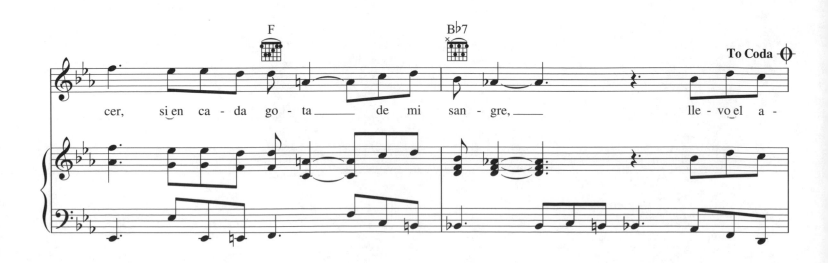

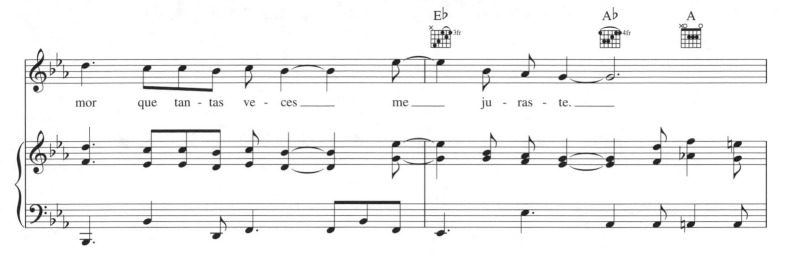

mor que tan - tas ve - ces _____ me _____ ju - ras - te. _____

D.S. al Coda

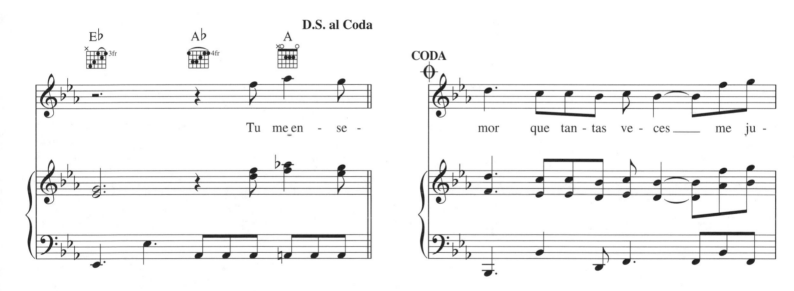

Tu me en - se -

CODA

mor que tan - tas ve - ces _____ me ju -

ras - te. _____

MANANTIAL DE LLANTO

Words and Music by
JOAN SEBASTIAN

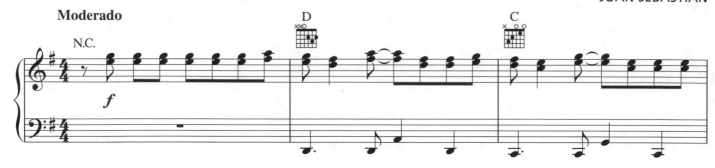

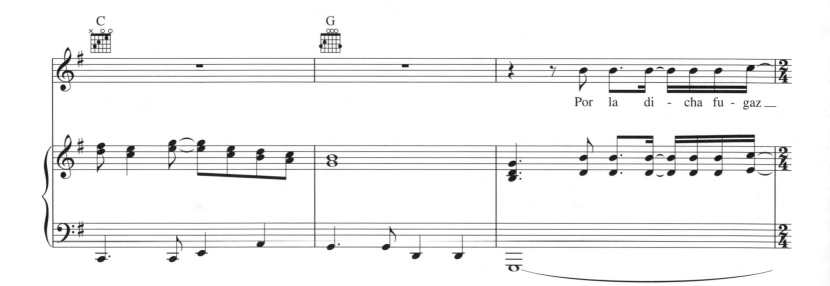

Por la di - cha fu - gaz

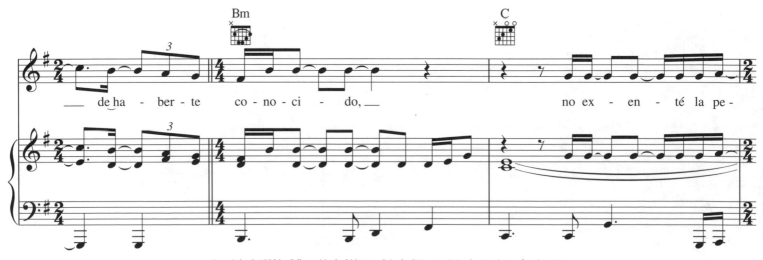

_ de ha - ber - te co - no - ci - do, _

no ex - en - té la pe-

na_ de su-frir _____ tu ol-vi-do. Por la in-fan-til i-de-

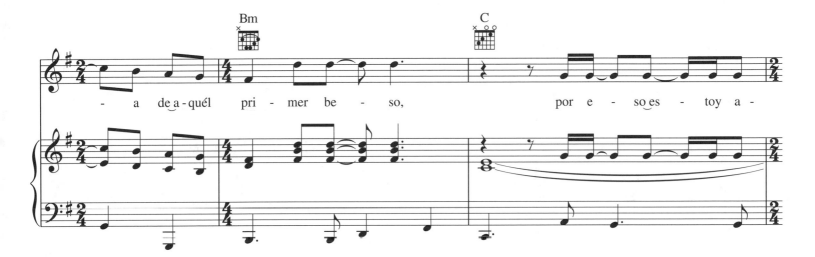

-a de a-quél pri-mer be-so, por e-so es-toy a-

quí de mi_ de-se-o pre-so. Por e-so, por

e-so. Por-que te_ co-no-cí_____ y so-la-

52

men - te muer - to, no hab - rí - a flo - re - ci - do tu a - mor__
qui - vo - ca - do, un de - bo y pa - ga - ré que por vi -

en mi huer - to. Por la in - con - scien-cia cruel de ha - ber-me e -
da he fir - ma - do. Y por - que aún__ sin de - re - cho vi - vo e -

na - mo - ra - do } de tí, ver - du - go a - mor, tier - no pe -
na - mo - ra - do }

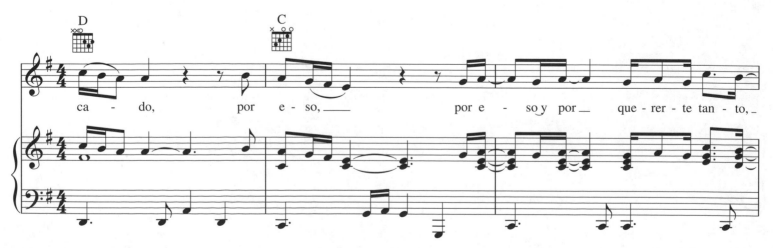

ca - do, por e - so,____ por e - so y por__ que - rer - te tan - to,__

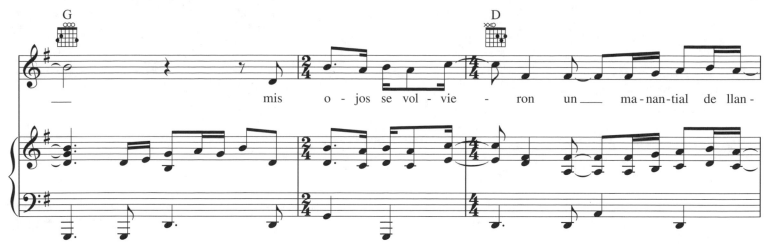

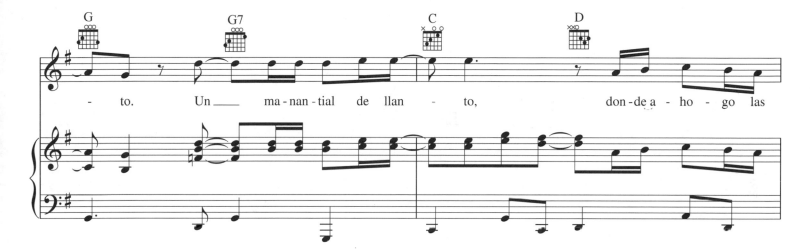

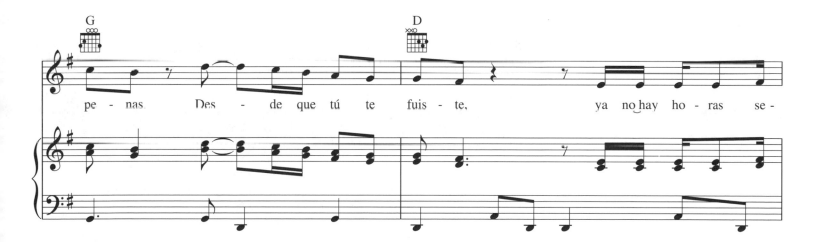

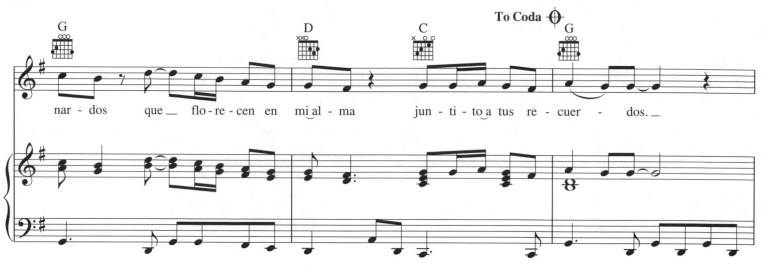

nar - dos que flo-re-cen en mi al - ma jun - ti -to a tus re - cuer - dos.

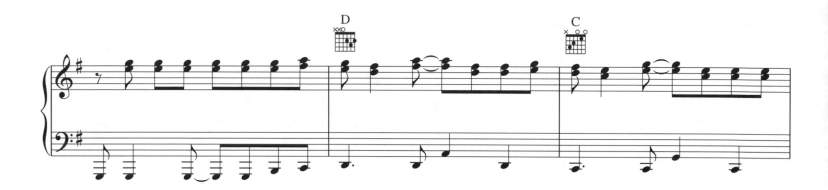

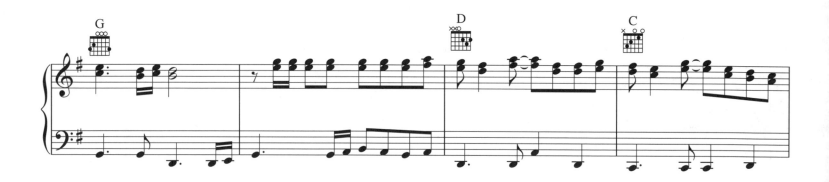

Por un ba - nal er - ror y ha - ber - me e-

CODA

cuer - dos. __ Un ma-nan-tial, un __ ma-nan-tial de llan-

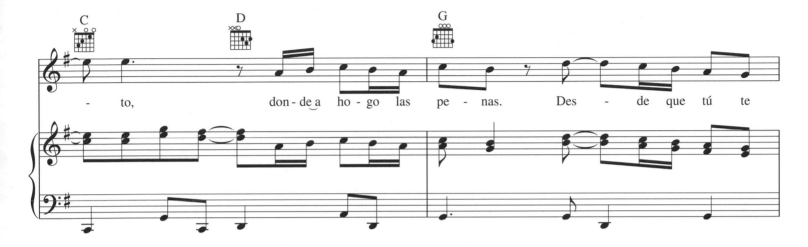

-to, don-de a ho-go las pe - nas. Des - de que tú te

fuis-te, ya no hay ho-ras se-re-nas. Un __ ma-nan-tial de llan - to, con que rie-go los

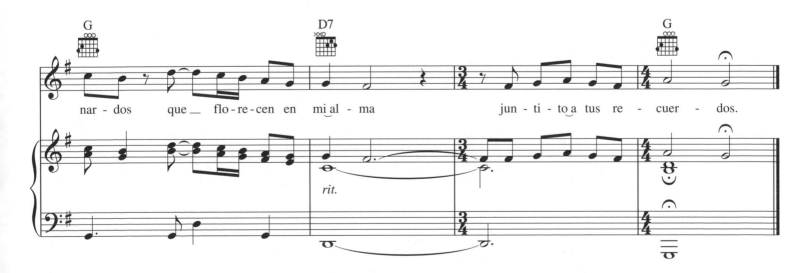

nar-dos que __ flo-re-cen en mi al-ma jun-ti-to a tus re-cuer-dos.

rit.

ME VAS A EXTRAÑAR

Words and Music by
FATO

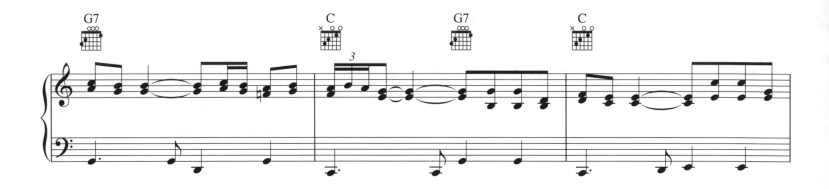

Me vas a ex - tra -

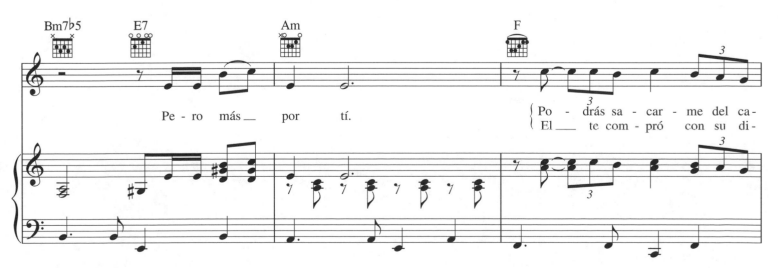

mi - no. Pe - ro tu de - se - o, sé que - da con - mi - go.
ne - ro. Se lle - vó tu cuer - po. Pe - ro no el de - se - o.

Por - que yo fui, lo si - go sien - do y lo se - ré, el a - mor de tu

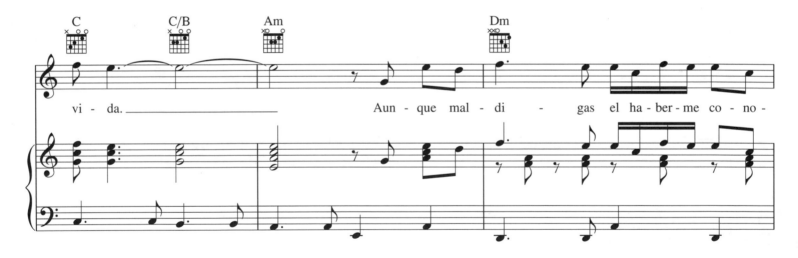

vi - da. _____ Aun - que mal - di - gas el ha - ber - me co - no -

ci - do, no tie - ne sen - ti - do. _____ No

tie - ne re - me - dio. __ Aun-que tu cuer - po, se dis - fra - ce de pa - sión,

si - go sien-do tu due - ño. _____

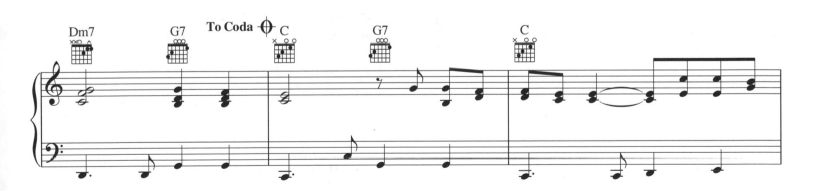

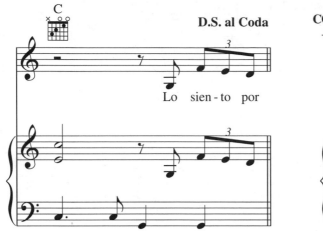

Lo sien - to por

Si - go sien - do tu due - ño.

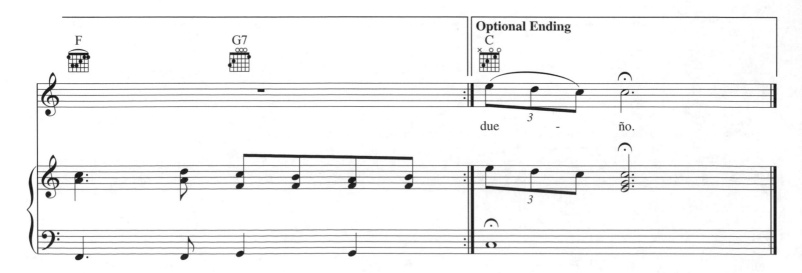

due - ño.

ME VAS A RECORDAR

Words and Music by
ALEJANDRO VEZZANI

Moderado

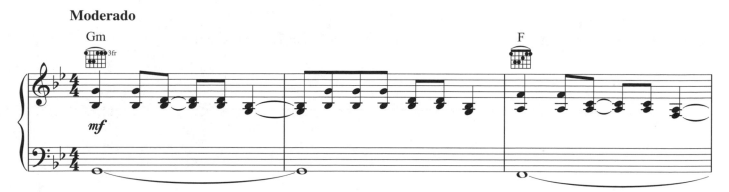

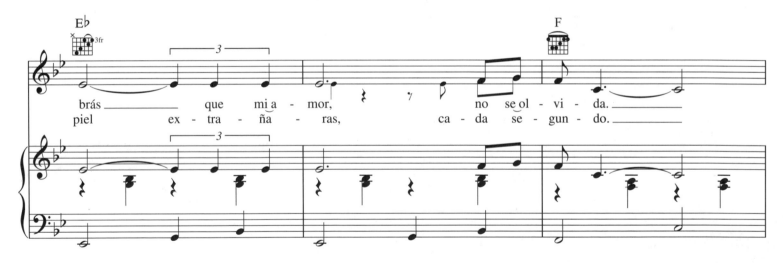

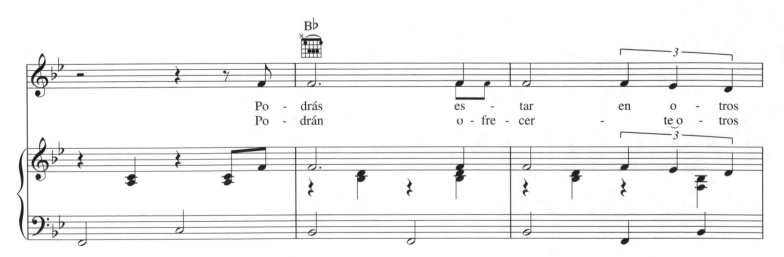

brazos. _____

mun - dos. _____

Pe - ro en mí _____ pen - sa -

Pe - ro yo _____ se - gui -

rás, _____ pa - so a pa - so.

ré en _____ tus re - cuer - dos.

Por - que

Lla - ma -

yo, _____ voy a es - tar _____ en tus sue - ños. _____

ras _____ a o - tro a - mor _____ por mi nom - bre.

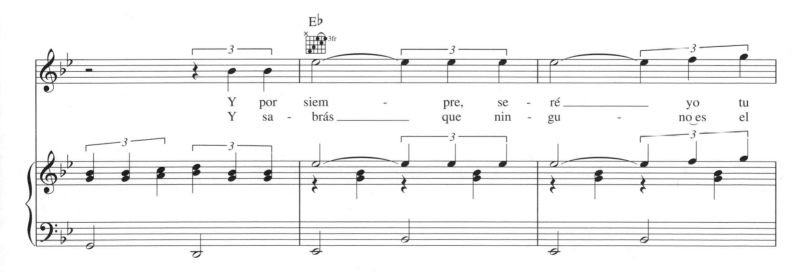

Y por siem - pre, se - ré _____ yo tu

Y sa - brás _____ que nin - gu - no es el

due - ño. }
hom - bre. }
A - mor, a - mor, a - mor, ___ me

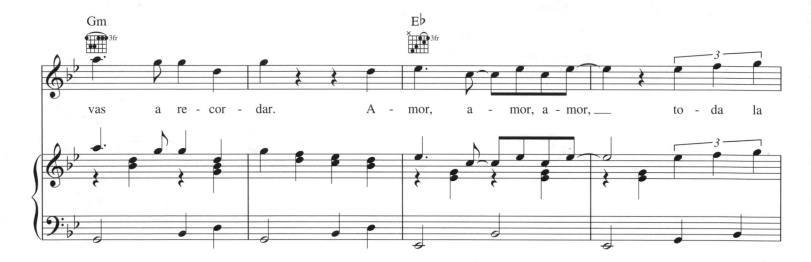

vas a re - cor - dar. A - mor, a - mor, a - mor, ___ to - da la

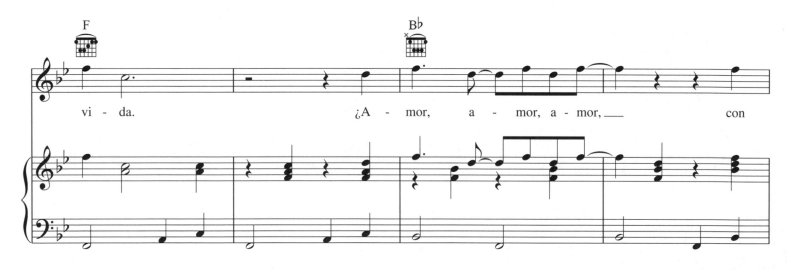

vi - da. ¿A - mor, a - mor, a - mor, ___ con

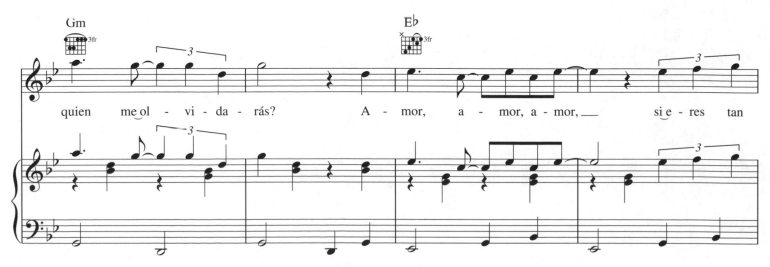

quien me ol - vi - da - rás? A - mor, a - mor, a - mor, ___ si e - res tan

mí - a. _____

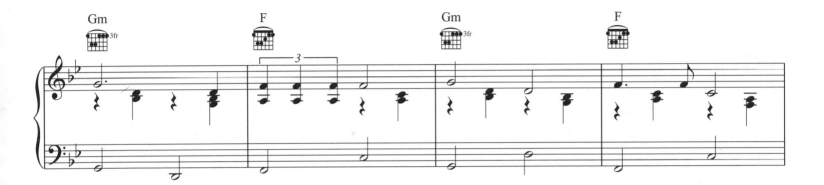

Mis

ME VOLVÍ A ACORDAR DE TÍ

Words and Music by
ALEJANDRO VEZZANI

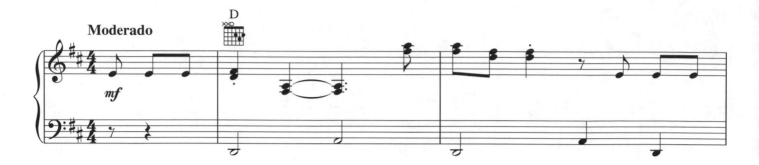

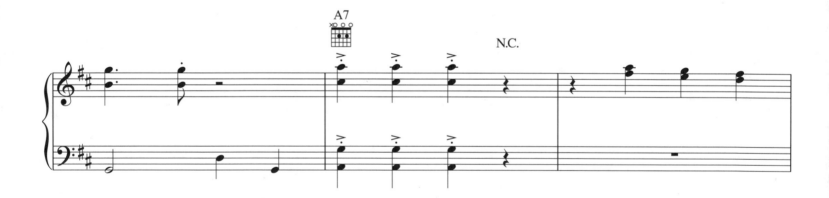

Me vol - ví a - cor - dar de tí, ____ que - ri - da. ____

nes - ta - men - te me pa - re - ce, men - ti - ra. ____

Pa - re - ce que no te ol - vi - dé, ____ to - da -
Vol - ver a re - cor - dar de tí, ____ to - da -

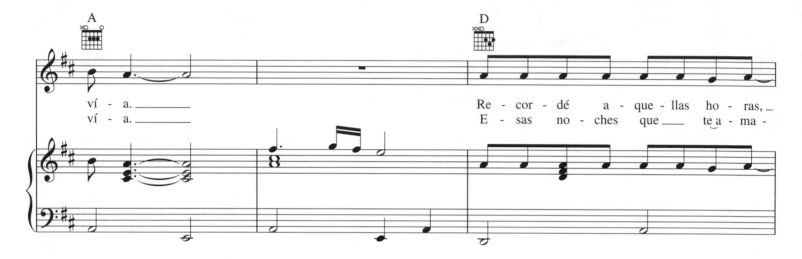

ví - a. _____ Re - cor - dé a - que - llas ho - ras, _
ví - a. _____ E - sas no - ches que ___ te a - ma -

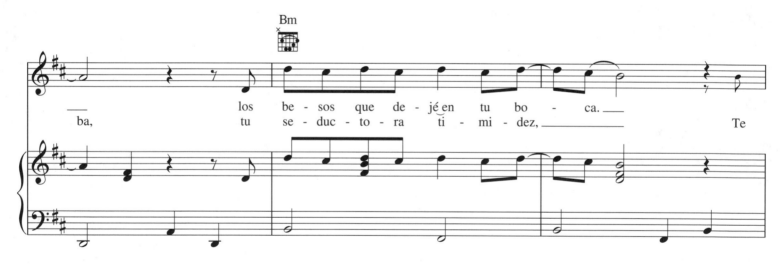

los be - sos que de - jé en tu bo - ca. ____
ba, tu se - duc - to - ra ti - mi - dez, _____ Te

Y el a - mor que te en - tre - ga - bas, ____ to - da.
re - ga - la - ba ca - da lu - na, ____ a - mán - dot - me. __

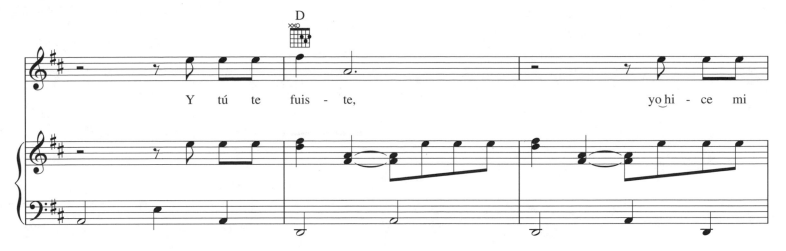

Y tú te fuis - te, yo hi - ce mi

vi - da, des - de e - se dí - a,

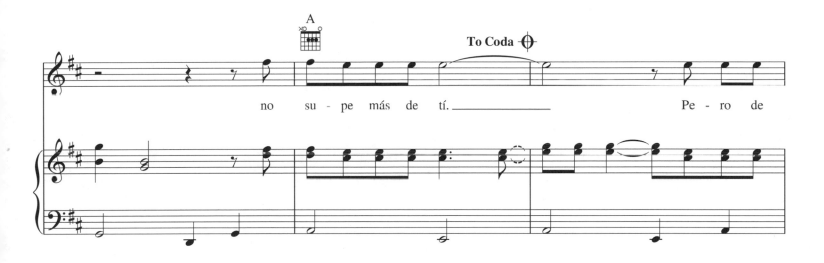

To Coda ⊕

no su - pe más de tí. _____ Pe - ro de

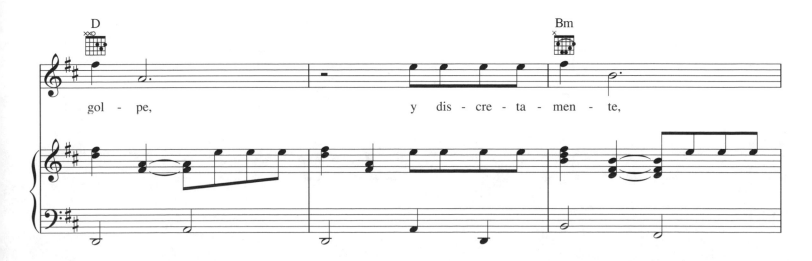

gol - pe, y dis - cre - ta - men - te,

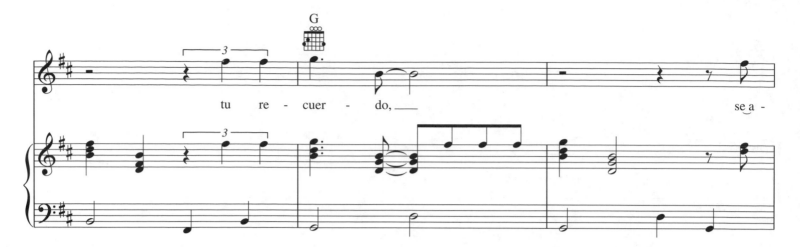

tu re - cuer - do, _____ se a -

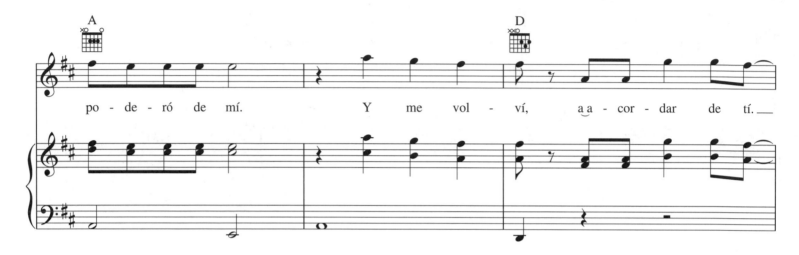

po - de - ró de mí. Y me vol - ví, a a - cor - dar de tí. _____

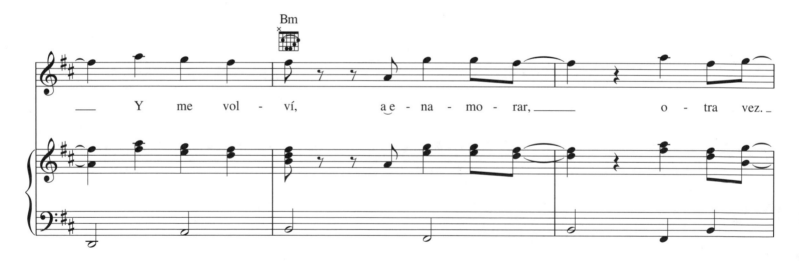

_____ Y me vol - ví, a e - na - mo - rar, _____ o - tra vez.

In - es - pe - ra - da - men - te.

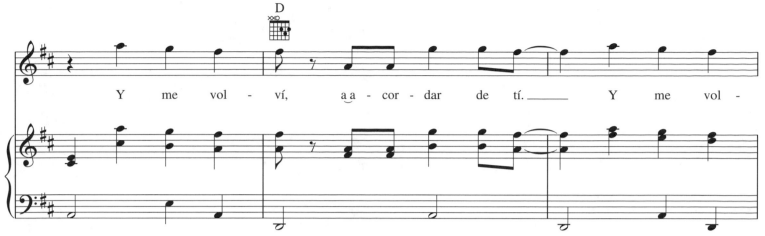

Y me vol-ví, a a-cor-dar de tí.____ Y me vol-

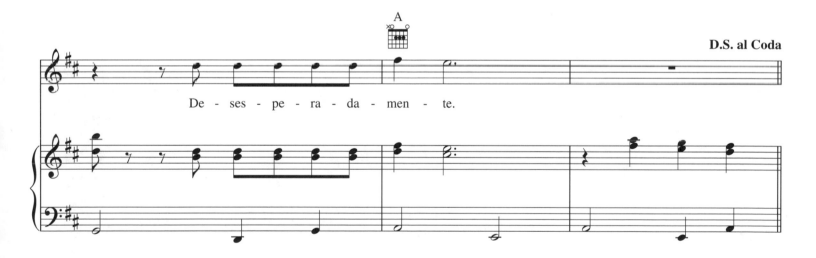

ví, a e-na-mo-rar,____ o-tra vez.____

D.S. al Coda

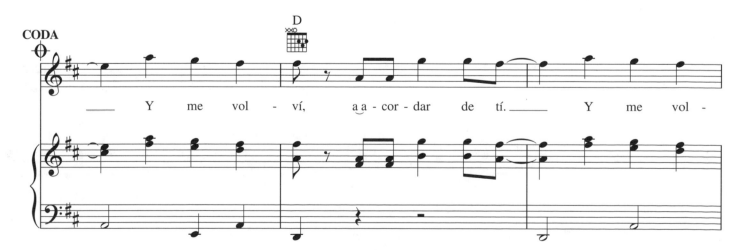

De-ses-pe-ra-da-men-te.

CODA

____ Y me vol-ví, a a-cor-dar de tí.____ Y me vol-

ví,   a e - na - mo - rar, ____   o - tra vez. ____

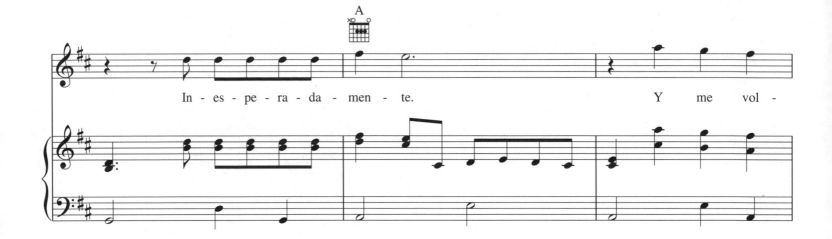

In - es - pe - ra - da - men - te.   Y me vol -

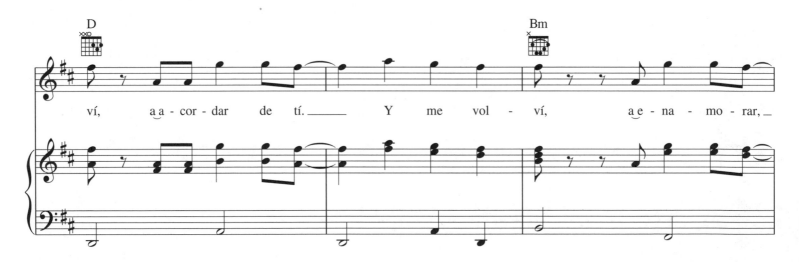

ví,   a a - cor - dar de tí. ____   Y me vol - ví,   a e - na - mo - rar,

____   o - tra vez. ____   De - ses - pe - ra - da -

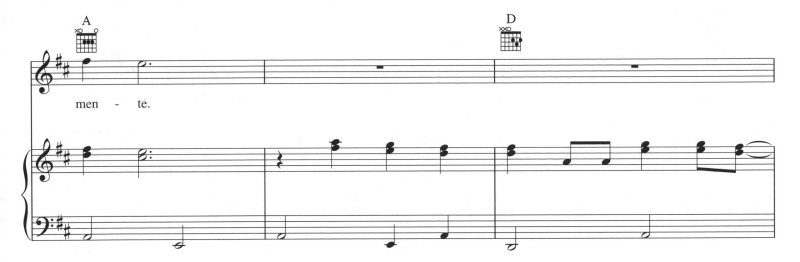

men - te.

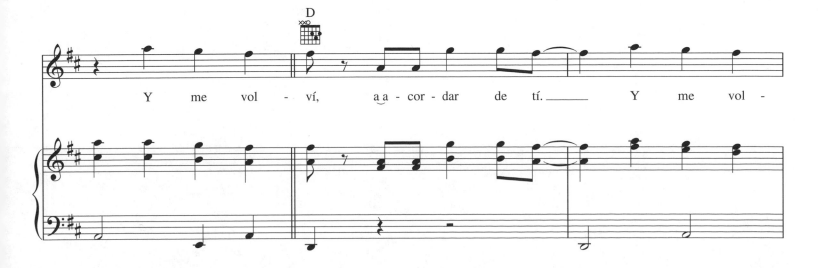

Y me vol - ví, a a - cor - dar de tí._____ Y me vol -

PERDÓNAME

Words and Music by
FATO

Moderado

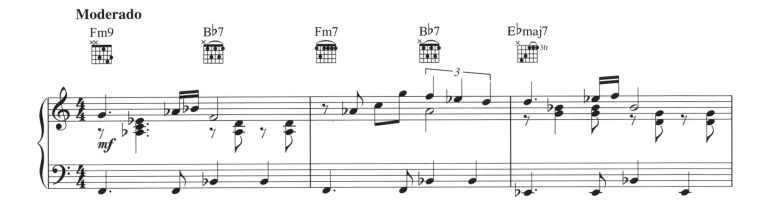

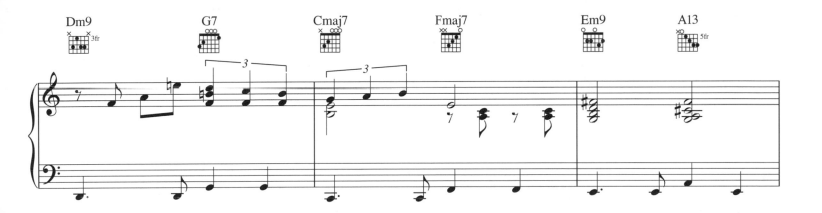

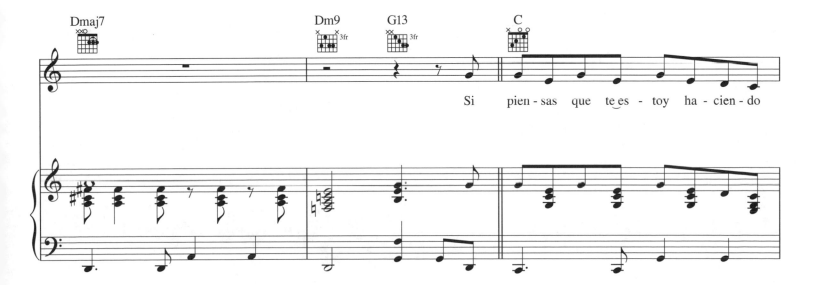

Si pien-sas que te es-toy ha-cien-do

da - ño,   en es - te mis - mo in - stan - te yo me voy.

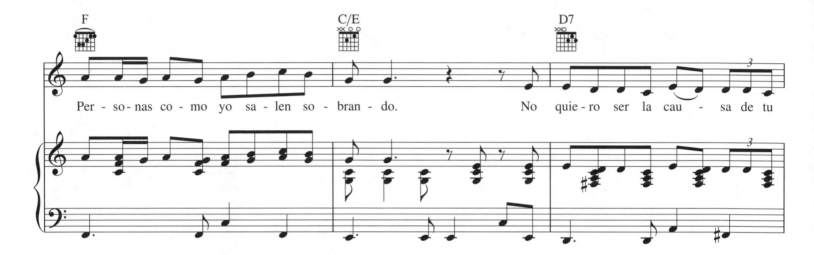

Per - so - nas co - mo yo sa - len so - bran - do.   No quie - ro ser la cau - sa de tu

llan - to.   Ja - más pen - sé que a - mar - te fue - ra mal.

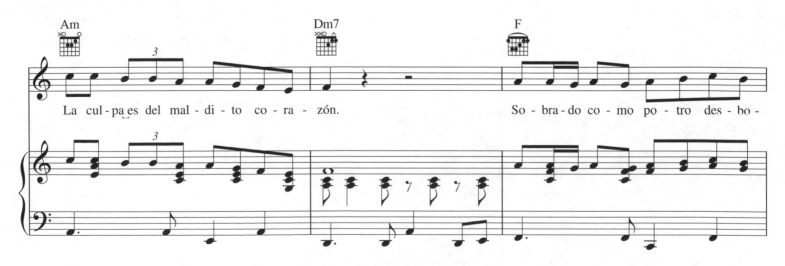

La cul - pa es del mal - di - to co - ra - zón.   So - bra - do co - mo po - tro des - bo -

ca - do, ca - yen - do en los ex - ce - sos del a - mor.

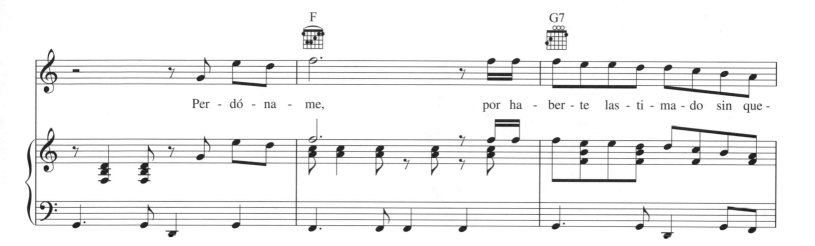

Per - dó - na - me, por ha - ber - te las - ti - ma - do sin que -

rer. Só - lo qui - se cui - dar - te, mi - mar - te, a - do -

rar - te. Per - dó - na - me, por el a - bu - so a tu per - so - na, por fa -

vor.

Quie - ra Dios que los a - ños te cu - ren las he -
Ne - ce - si - tas un hom - bre que no se - pa que -

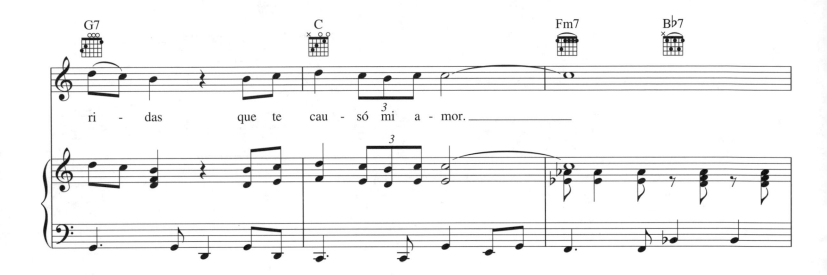

ri - das que te cau - só mi a - mor. _____

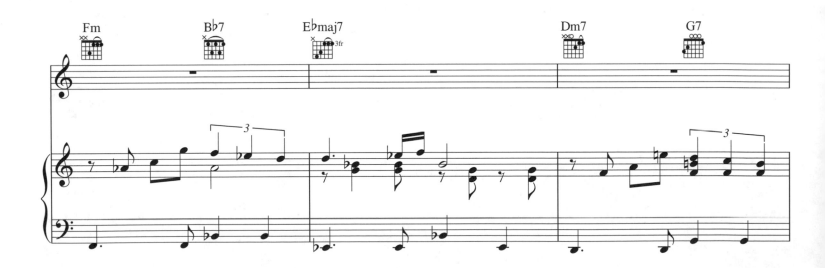

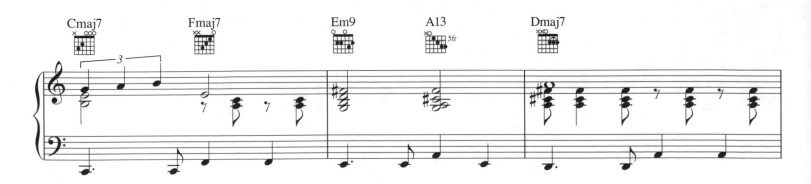

79

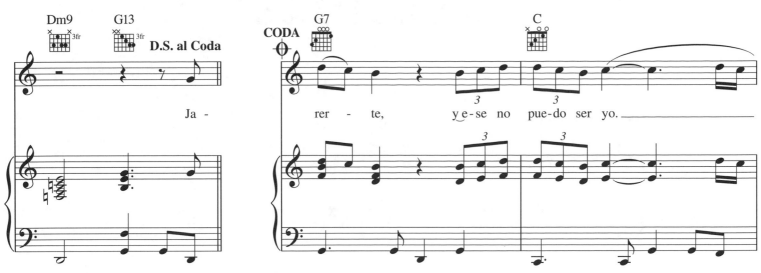

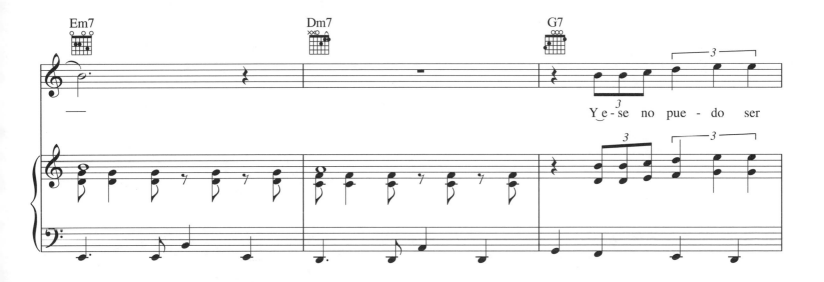

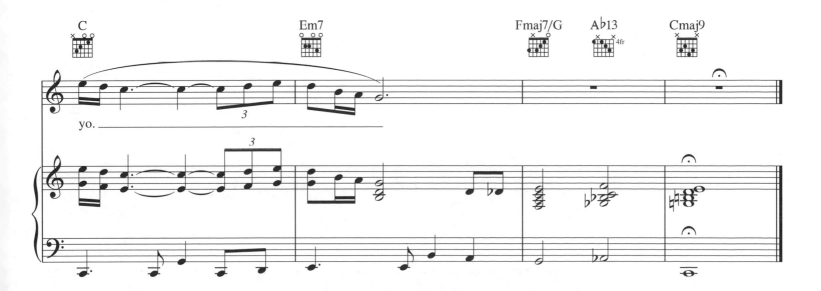

MI GUSTO ES

Words and Music by
SAMUEL M. LOZANO BLANCAS

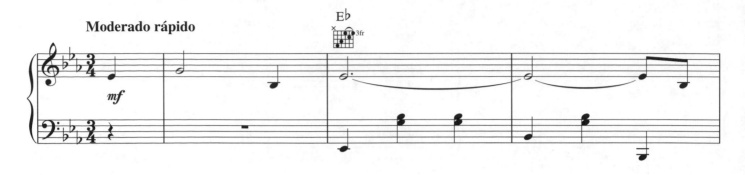

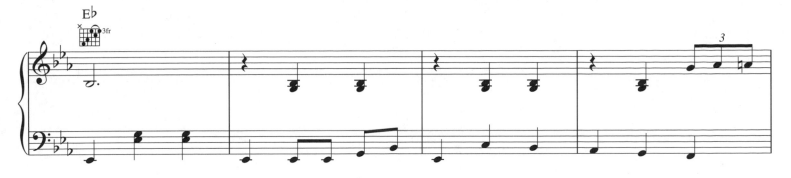

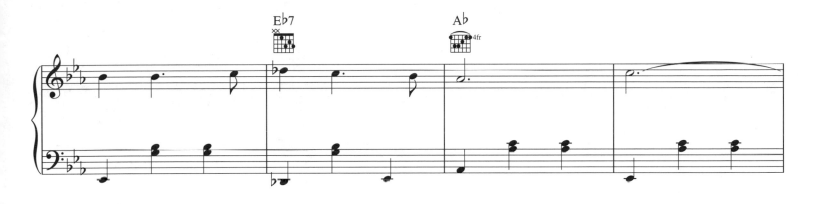

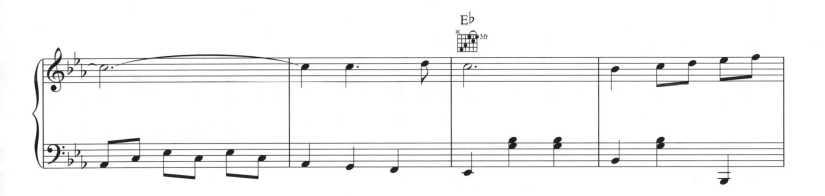

Mi gus - to

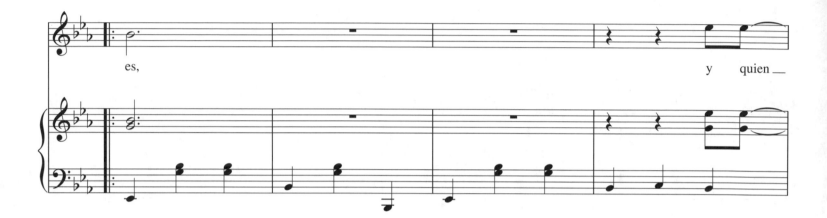

es, y quien __

__ me __ lo qui - ta - ra. __

So - la - men - te __ Dios del

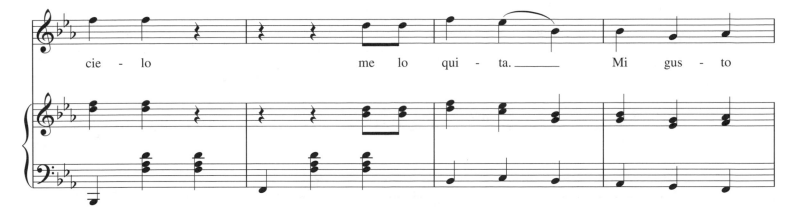

cie - lo   me lo qui - ta._____ Mi gus - to

es,_____

{ el a - mar - te jo - ven - ci - ta._____ }
{ aun - que me den de ba - la - zos._____ }

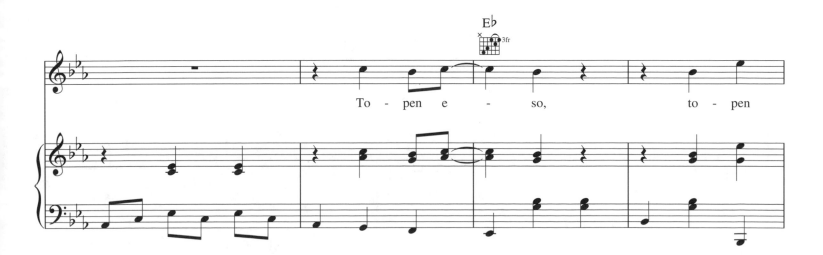

To pen e - so,   to - pen

e - so _____ que al ca - bo, mi gus - to

es.

Mi gus - to es.

Pe - ro chi - qui - ti - ta _____ yo te he de

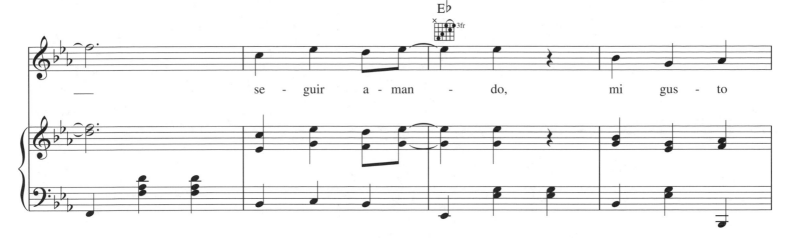

se - guir a - man - do, mi gus - to

es. Pe - ro ma - ma -

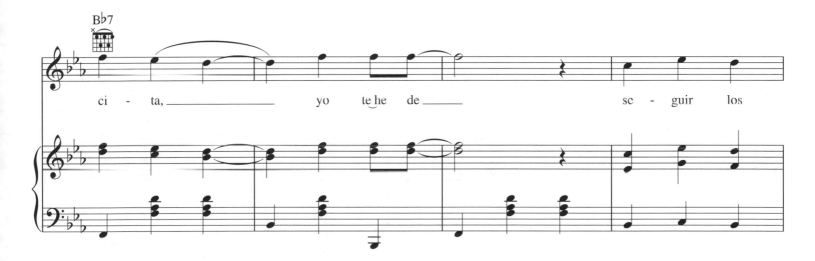

ci - ta, yo te he de se - guir los

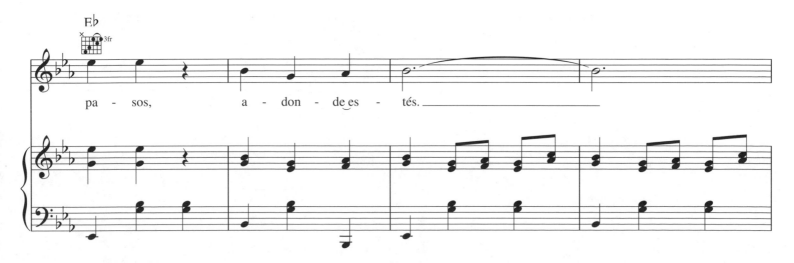

pa - sos, a - don - de es - tés.

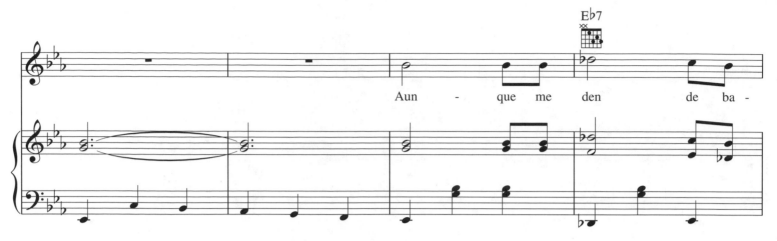

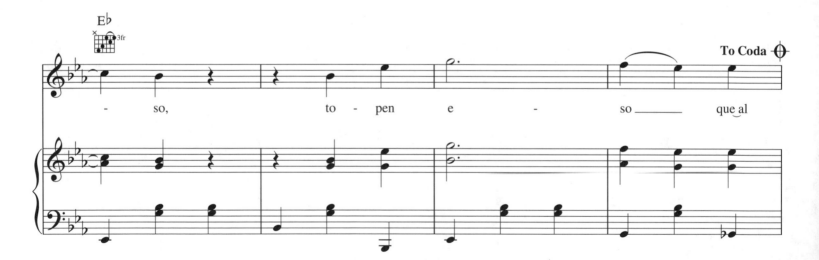

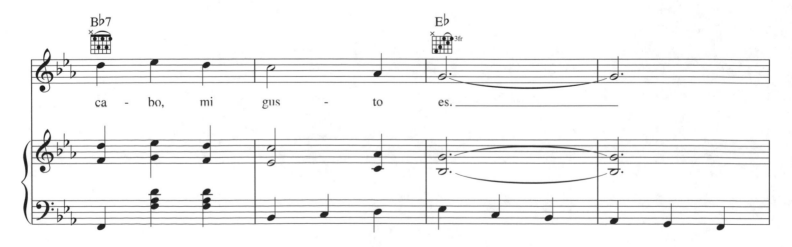

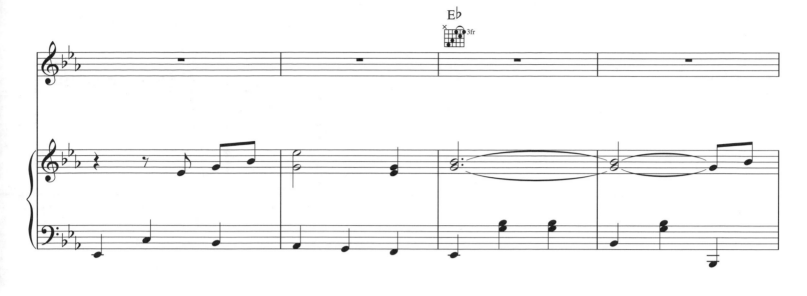

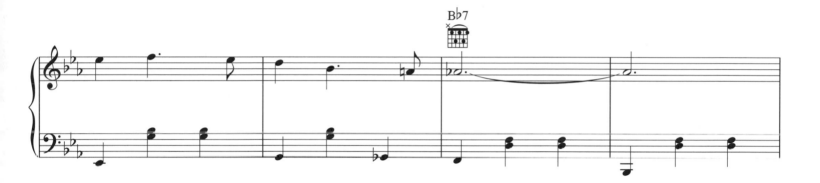

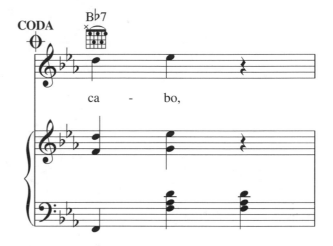

D.S. al Coda

CODA

Pe - ro chi - qui -

ca - bo,

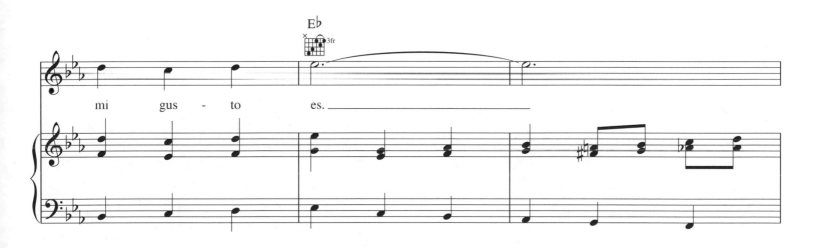

mi gus - to es. _____

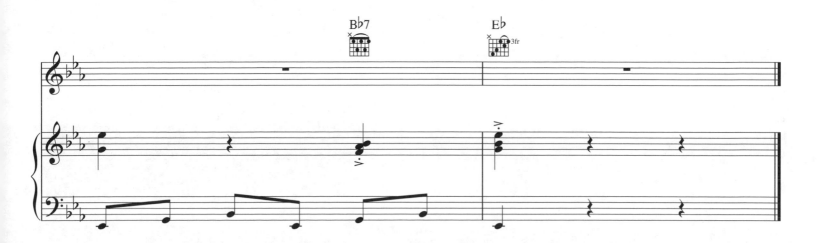

NO ME SÉ RAJAR

Words and Music by
JOSÉ DE JESÚS PINEDO RAMOS

91

Hoy me re - cla - ma - ron por ve
tar - me pa - ra
Si tus pre - ten - dien - tes quie - ren
fal - ta a - quí es - ta -

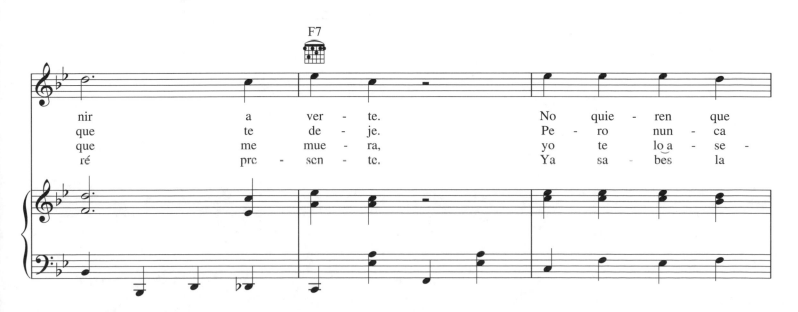

nir a ver - te. No quie - ren que
que te de - je. Pe - ro nun - ca
que me mue - ra, yo te lo a - se -
ré pre - sen - te. Ya sa - bes la

vuel - va por a - quí   ja - más. _____
na - die lo po - drá   lo - grar. _____
gu - ro que los bur - la - ré. _____
ho - ra no me que - des mal. _____

Di - cen que si vuel - vo en - con - tra - ré   la
Mien - tras tú me quie - ras_____ yo es - ta - ré   pre -
Yo se - ré tu due - ño_____ aun - que no   lo
De lo que te di - je_____ lo ten - gas   pen -

muer - te,   que por tí la vi - da   me
sen - té,   cer - ca de tu ca - sa   pa -
quie - ran.   Y al que se a - tra - vie - se   te
dien - te.   Só - lo Dios la vi - da   me

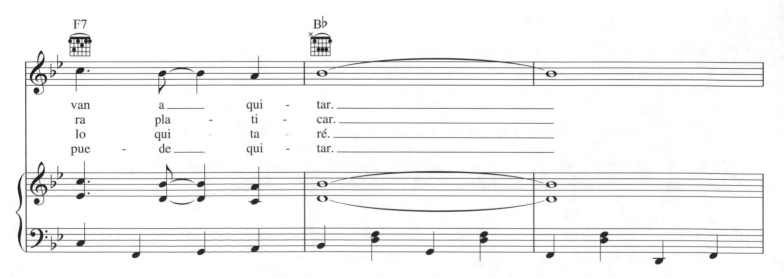

van a _____ qui - tar. _____
ra pla - ti - car. _____
lo qui - ta - ré. _____
pue - de _____ qui - tar. _____

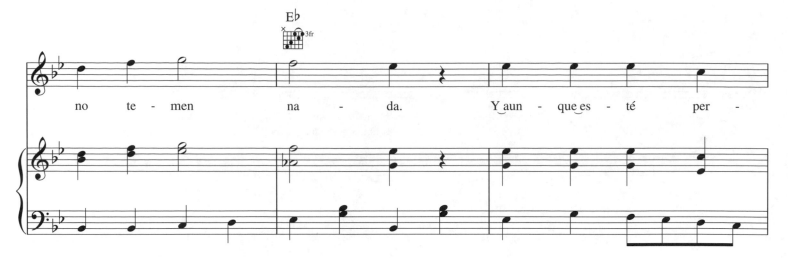

no te - men na - da. Y aun - que es - té per -

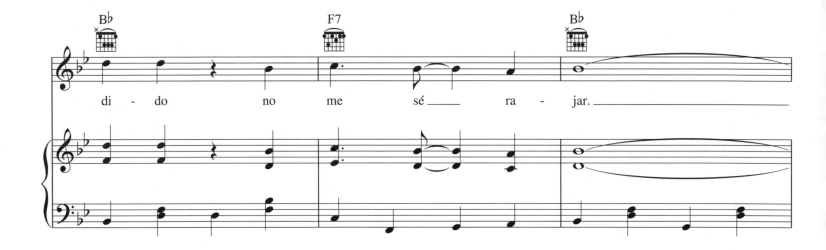

di - do no me sé ____ ra - jar. ____

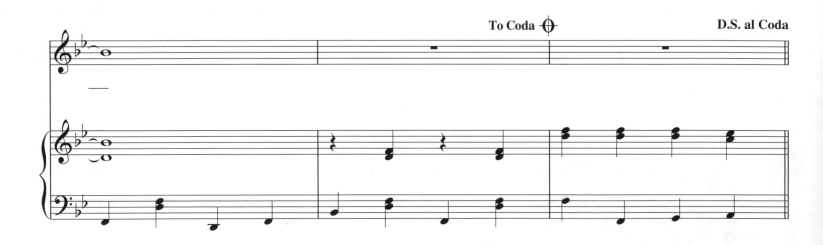

To Coda ⊕   **D.S. al Coda**

CODA

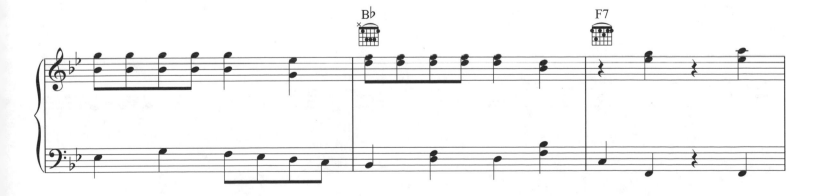

A mí no me a - sus - tan ti - pos "len - guas -

lar - gas," que só - lo pre - su - men por a -

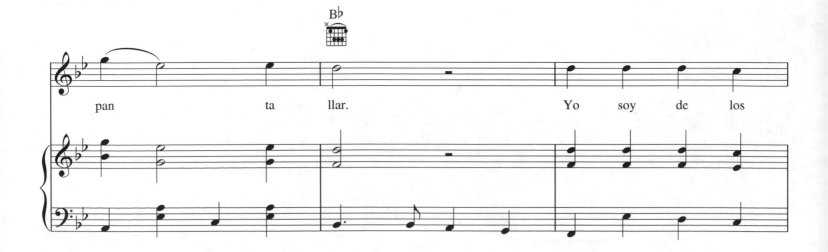

pan ta llar. Yo soy de los

hom - bres que no te - men na - da.

Y aun - que es - té per - di - do no me sé ___ ra -

jar. _____

POR MUJERES COMO TÚ

Words and Music by
FATO

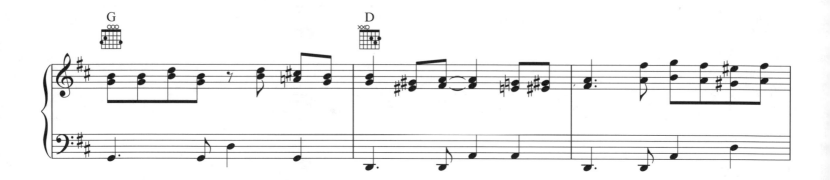

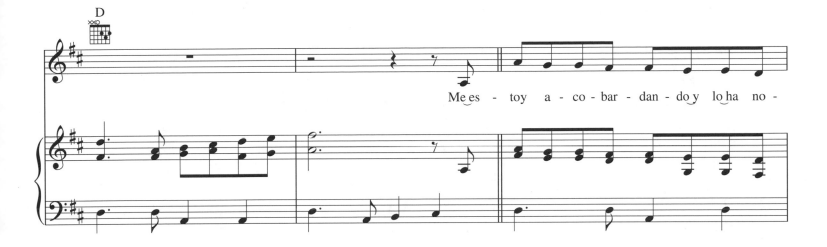

Me es - toy a - co - bar - dan - do y lo ha no -

ta - do,   y e - so no es muy bue - no pa - ra

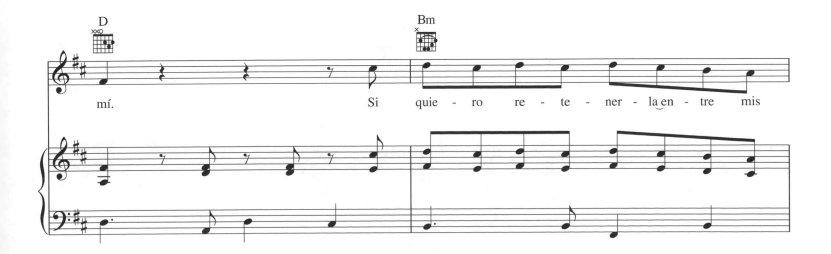

mí.   Si quie - ro re - te - ner - la en - tre mis

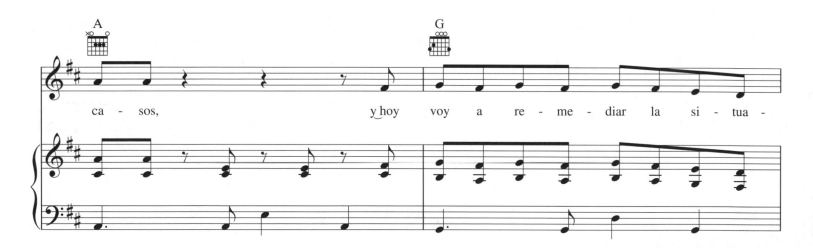

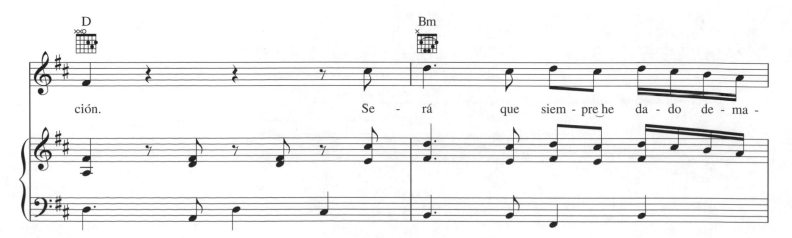

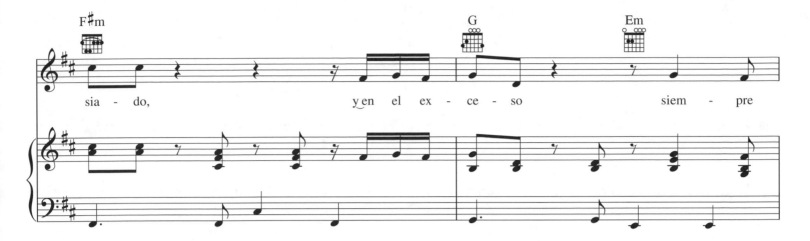

sia - do, y en el ex - ce - so siem - pre

sal - go da - ña - do. Por ____ mu - je - res

co - mo tú, ____ a - mor, hay hom - bres

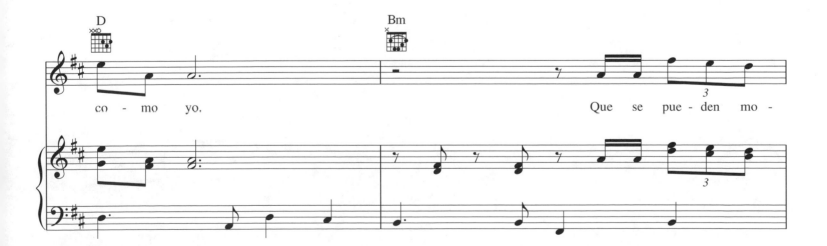

co - mo yo. Que se pue - den mo -

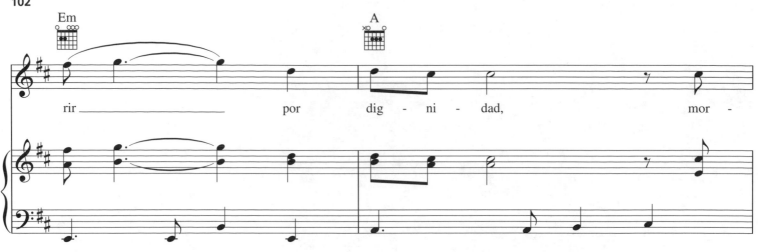

rir _____ por dig - ni - dad, mor -

dien - do el co - ra - zón. _____ Por _____ mu - je - res

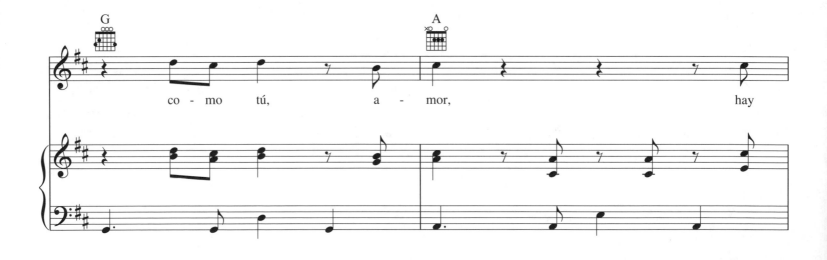

co - mo tú, a - mor, hay

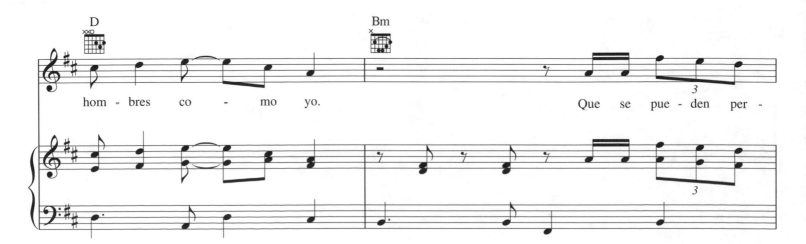

hom - bres co - mo yo. Que se pue - den per -

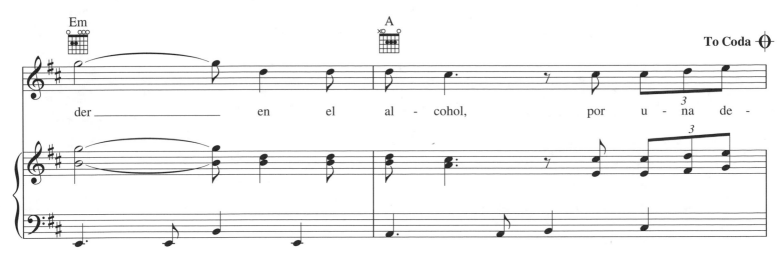

der _____ en el al - cohol, por u - na de -

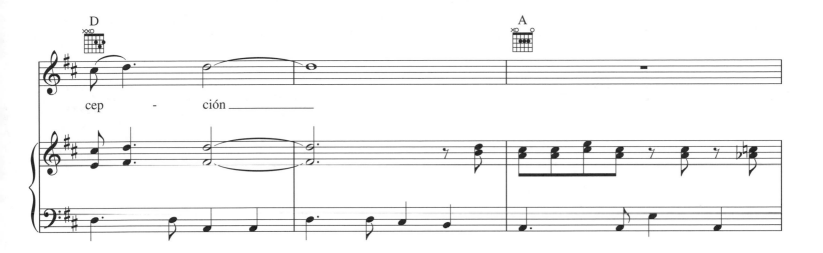

cep - ción _____

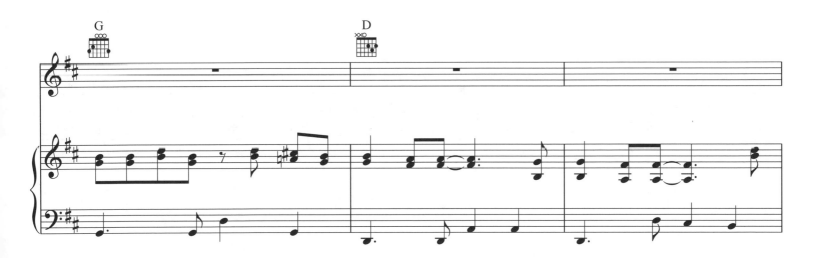

D.S. al Coda

Es -

cep - ción.   Por mu - je - res

co - mo tú, _____ a - mor, hay hom - bres

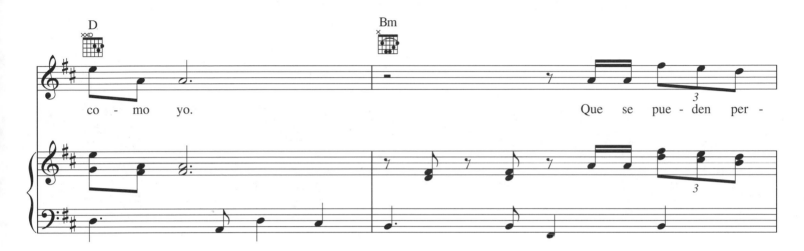

co - mo yo. Que se pue - den per -

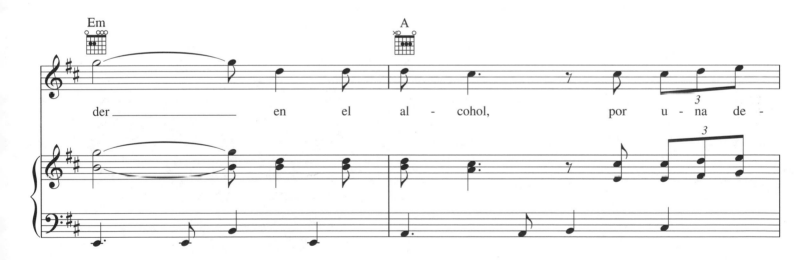

der _____ en el al - cohol, por u - na de -

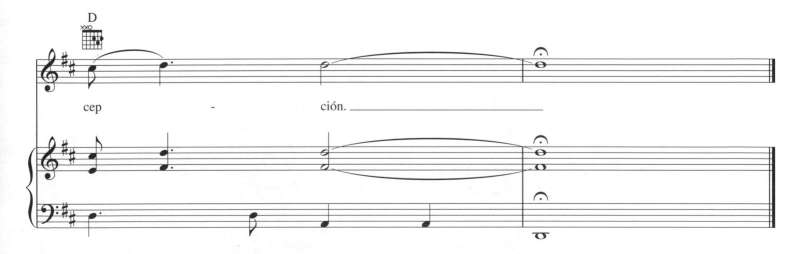

cep - ción. _____

QUÉ BONITO AMOR

Words and Music by
JOSÉ ALFREDO JIMÉNEZ

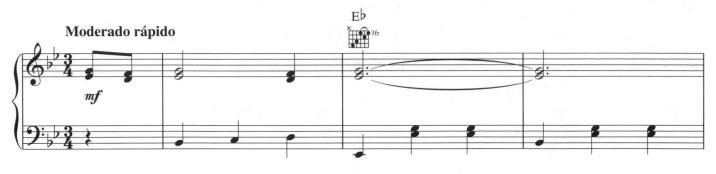

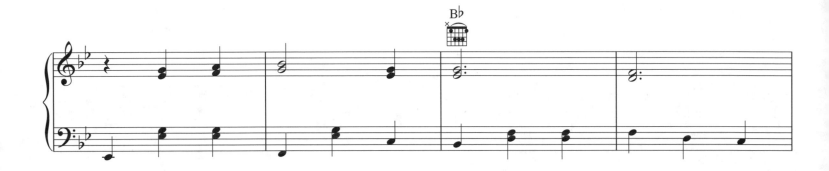

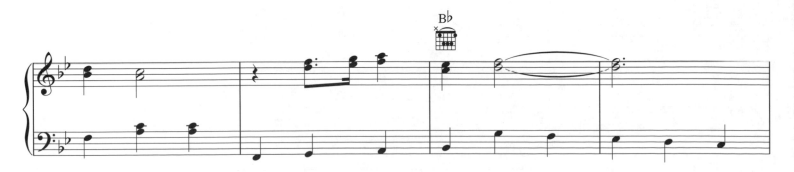

Qué bo - ni - to a - mor.

Qué bo - ni - to cie - lo. Qué bo - ni - ta

F7

lu - na. Qué bo - ni - to sol.

Qué bo - ni - to a - mor. Que lo quie - ro

mu - cho, por - que sien - te to - do lo que sien - to

yo. _____ Ven jun -

ti - to a mí. _____ Quie - ro que tus

ma - nos me ha - gan mil ca - ri - cias, quie - ro es - tar en

tí. _____ Da - me más a -

mor (da - me más a - mor). Pe - ro más y

más ____ (pe - ro más y más). ____ Quie - ro que me

be - ses, co - mo tú me be - sas, y des - pués

te vas. _____

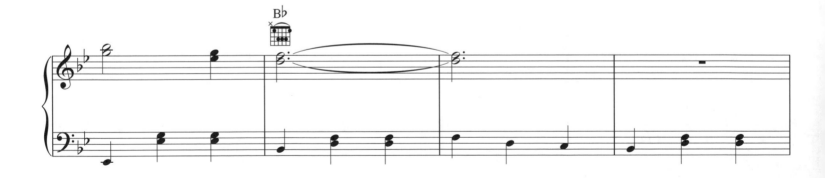

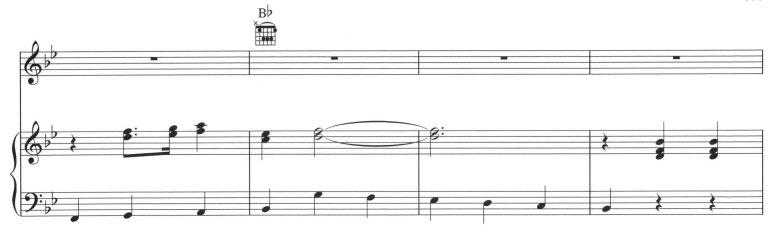

Yo com - pren - do que mi al - ma en la vi - da.
sien - to que tu al - ma me gri - ta.

No tie - ne de - re - cho de que - rer - te tan - to. _____
Me pi - de ca - ri - ño, y no - más no me a - guan - to. _____

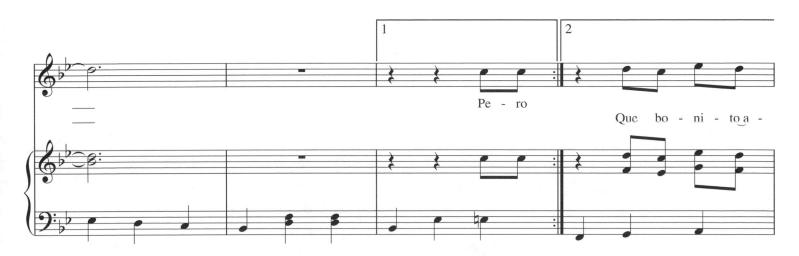

_____

1
Pe - ro

2
Que bo - ni - to a -

mor. _____ Que bo - ni - to

cie - lo. Que bo - ni - to lu - na y que bo - ni - to

Bb7

Eb

sol. _____ Si al - go en mí cam -

bió (si al - go en mí cam - bió), te lo de - bo a

tí ___ (te lo de - bo a tí). ___ Por qué a - quel ca - ri - ño

que qui - sie - ron tan - tos, me lo dis - te a mí. _____

Qué bo - ni - to, _____ qué bo -

ni - to a - mor. _____

QUIERO SABER DE TÍ

Words and Music by
WILFRÁN CASTILLO

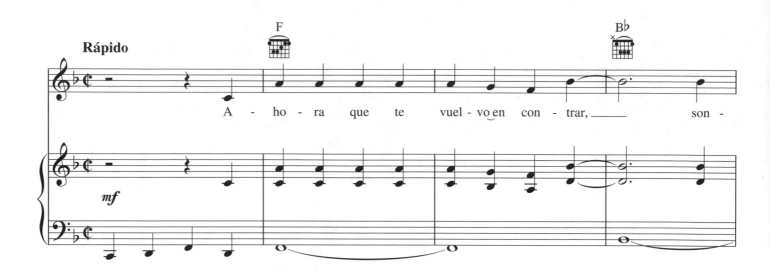

A - ho - ra que te vuel - vo en con - trar, _____ son -

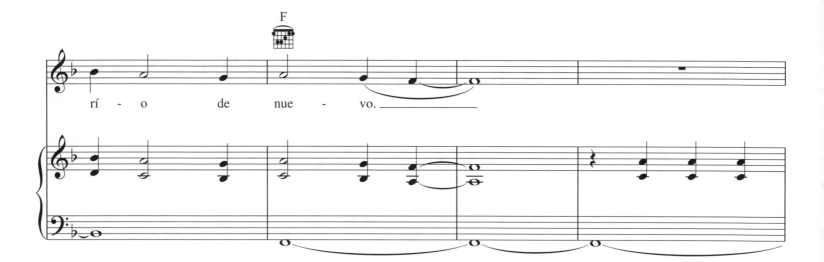

rí - o de nue - vo. _____

La luz de la be - lla ciu - dad _____

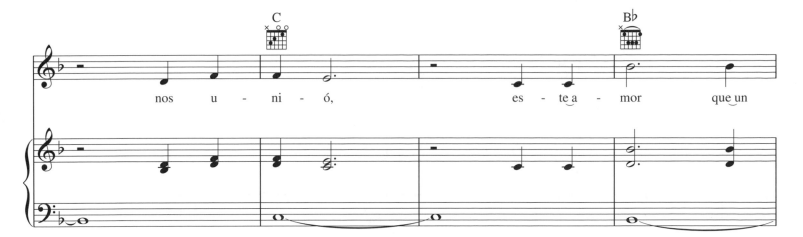

nos u - ni - ó, es - te a - mor que un

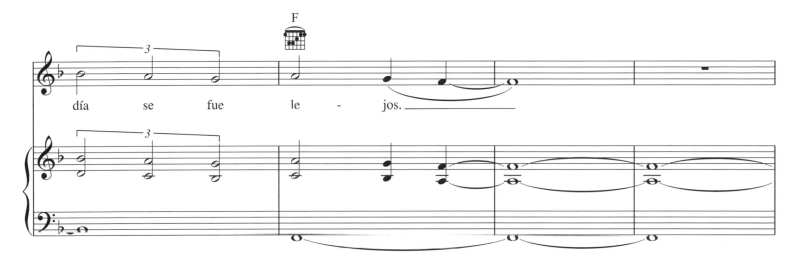

día se fue le - jos. _____

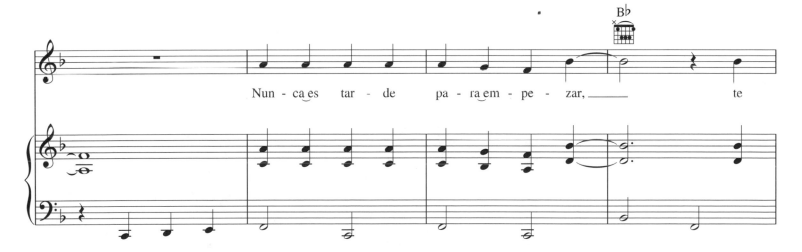

Nun - ca es tar - de pa - ra em - pe - zar, _____ te

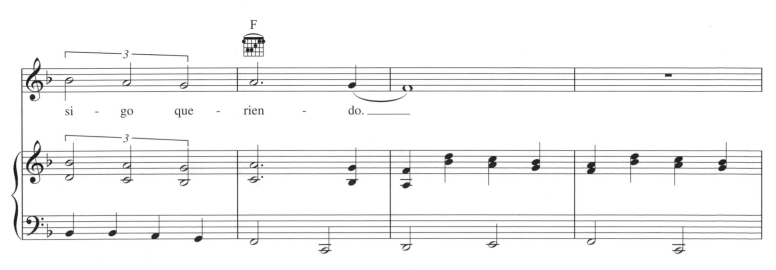

si - go que - rien - do. _____

Y quie - ro sa - ber si tu_a - mor,

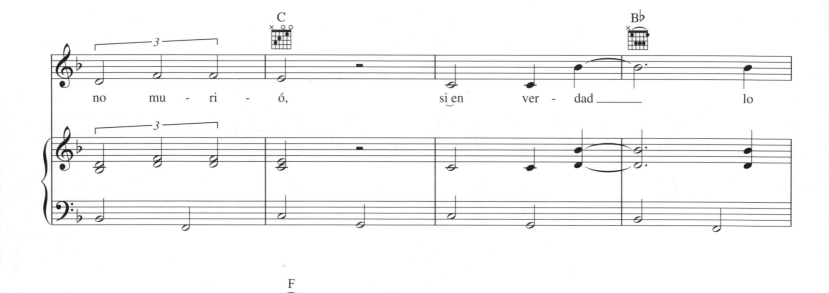

no mu - ri - ó, si en ver - dad _____ lo

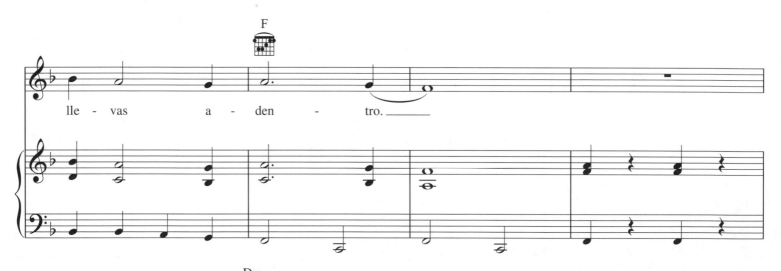

lle - vas a - den - tro. _____

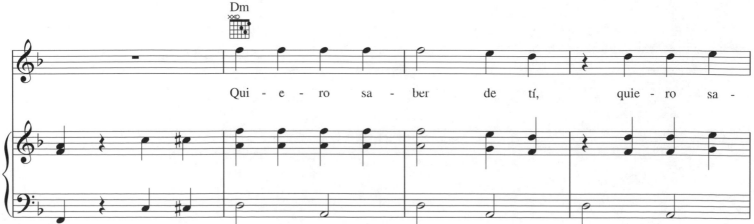

Qui - e - ro sa - ber de tí, quie - ro sa -

117

ber si nue-va-men-te me vas a-mar,____ quie-ro sa-

ber si es-tan-do le-jos, pen-sas-te en mí,____ na-da me im-

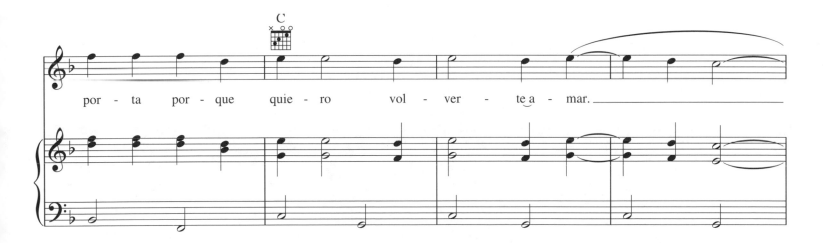

por-ta por-que quie-ro vol-ver-te a-mar.____

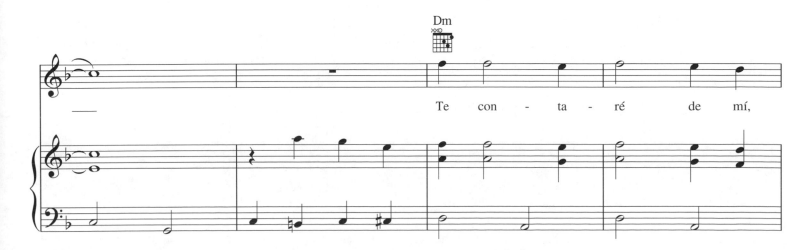

Te con-ta-ré de mí,

de to - das las no - ches qu en ve - la so - lí - a pa - sar,

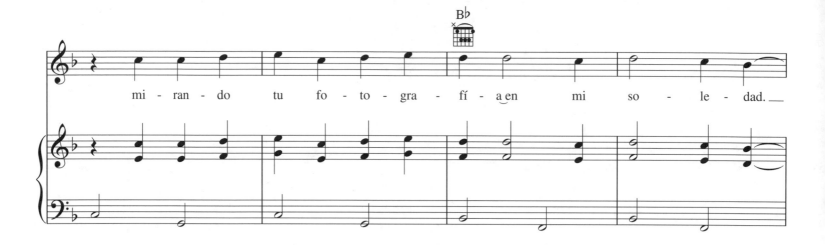

mi - ran - do tu fo - to - gra - fí - a en mi so - le - dad. ___

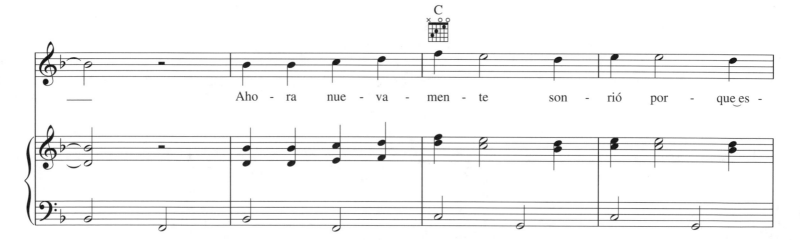

___ Aho - ra nue - va - men - te son - rió por - que es -

tás a - quí. ___

Mira, no sien- tas mie- do, quie- ro tu
Mira, no sien- tas mie- do, sé que me

cuer- po, no ten- go na- da.
quie- res, sé que me ex- tra- ñas.

Mi- ra, quie- ro tus be- sos y tus mi-
Mi- ra, lo es- tás di- cien- do, con tu mi-

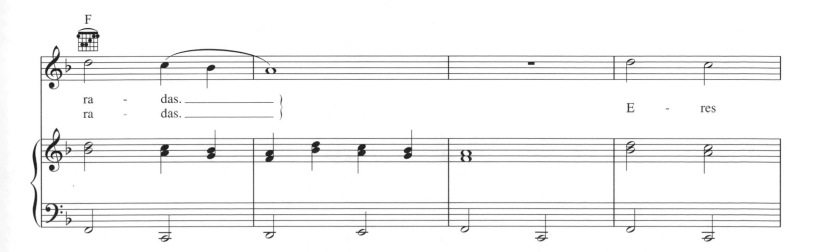

ra- das. _____
ra- das. _____   E- res

lo más bo - ni - to   que hay en mi vi - da,

que hay en mi al - ma.   Tú e - res

lo que en mi vi - da   siem - pre es - pe - ra - ba.

To Coda ⊕

Nun - ca me ol - vi - dé de tu a - mor __
Yo ju - ré que - rer - te an - te de

B♭   F

__ tan pu - ro y tan tier - no. __
Dios, ja - más me a - rre - pien - to. __

Es co - mo el in - stin - to que Dios __
Mien - tras a - llá luz en el sol, __

B♭   C

__ nos en - vi - ó, pa - ra ha - cer __
__ te a - ma - ré, es - t c a - mor

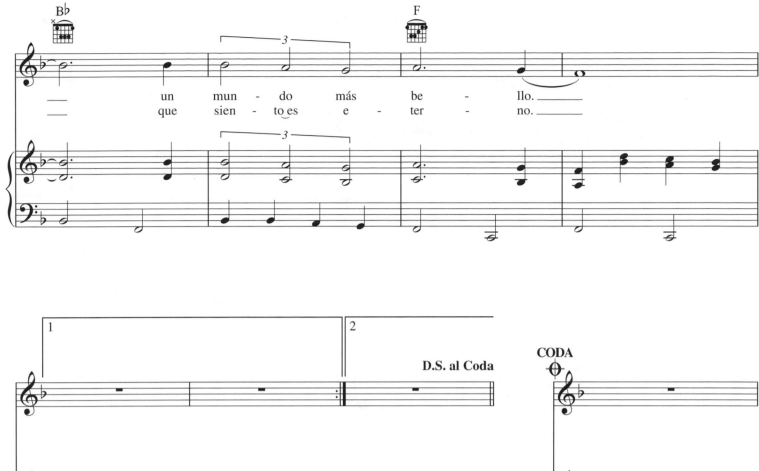

un mun - do más be - - llo. _____
que sien - to es e - ter - no. _____

D.S. al Coda

CODA

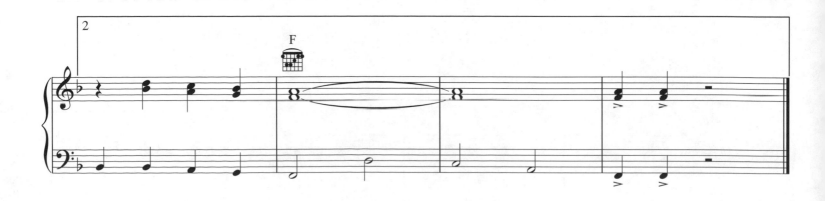

SALADO

Words and Music by
JOSÉ FIGUEROA

Moderado rápido

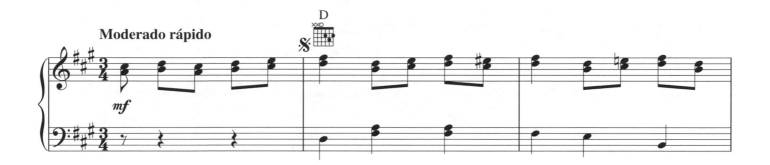

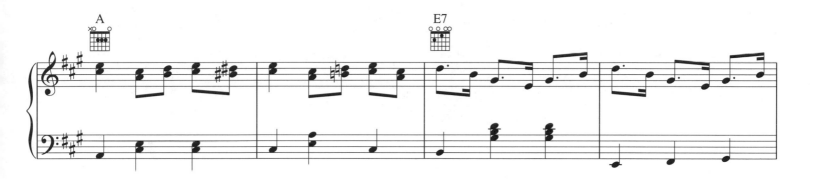

Yo   no
To - da -

sé,   si se - rá   ma - la suer - te,   o na - do
vía   no ha sa - na - do u na he - ri - da   cuan - do

cí con la es - tre - lla___ de la - do.   He de -
ya ten - go en - ci - ma o - tra pe - na.   Soy u - na

sea - do que ven - ga la muer - te,   pe - ro has - ta la
al - ma que va por la vi - da,   a - rra -

muer - te me ha re - cha - za - do. }
stran - do u - na a - mar - ga con - de - na. }   Hc su -

fri - do de más, de más he llo - ra -

- do, y co - mo mi llan - to yo

ya es - toy sa - la - do. _____

To - da - _____ In - gra - ta la

vi - da que mal me ha tra - ta - do.

Só - lo su - fri - mien - tos y pe - nas me ha

da - do.

He su - fri - do de más, _____ de

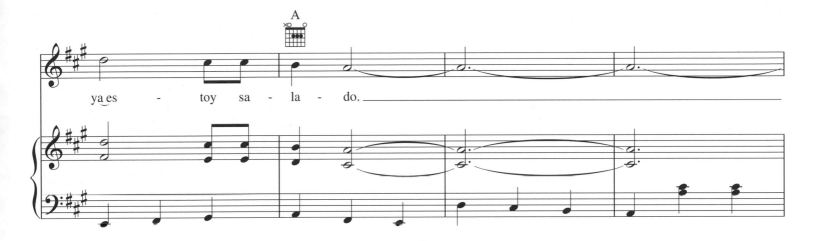

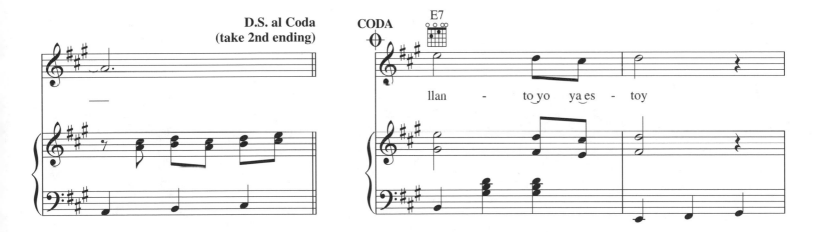

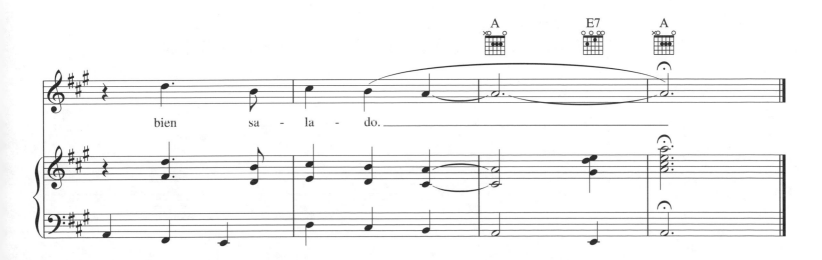

SECRETO DE AMOR

Words and Music by
JOAN SEBASTIAN

nom - bre en ba-se a lo que has tra - i - do.

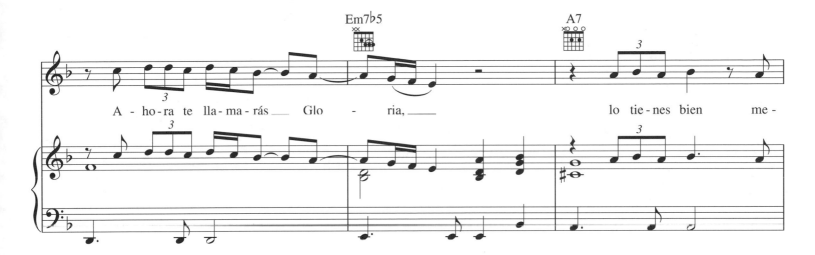

A - ho-ra te lla-ma-rás Glo - ria, lo tie-nes bien me-

re - ci - do. Y he-mos de dar-nos un be - so

en - ce-rra-dos en la lu - na. Se-cre-to a - mor te con-

fie - so, _____ te quie - ro co - mo a _____ nin - gu - na. _____

Y pue - do cam - biar - te el nom - bre,
nom - bre,

pe - ro no cam - bio la his -
pa - ra guar - dar el se -

to - ria. _____
cre - to, _____

Te lla - mes co - mo te lla - mes,
por - que te a - mo y _____ me a - mas,

pa - ra mí tú e - res la _____ glo - ria. _____
no de - bo ser in - dis - cre - to. _____

(E - res se - cre - to de a - mor.)
Instrumental

mf

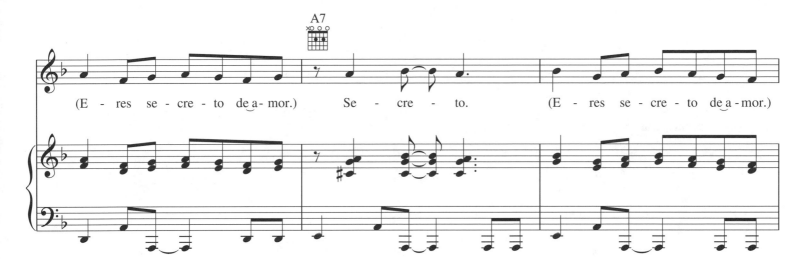

gen - te, soy tu a - mi - go hoy __ te di - go, qué __ cas - ti -

- go.
2nd time: Qué do - lor, qué do - lor.
(E - res se - cre - to de a - mor.) Se - cre - to.

(E - res se - cre - to de a - mor.) Te voy a cam - biar el Y pue - do cam - biar - te el

Rubato

nom - bre, pe - ro no cam - bio la his - to - ria.

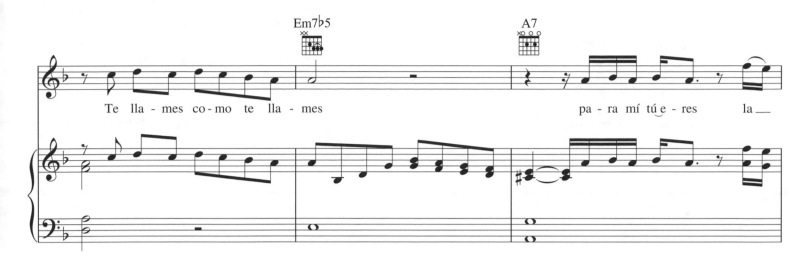

Te lla - mes co - mo te lla - mes   pa - ra mí tú e - res   la ___

glo - ria.

a tempo   mf

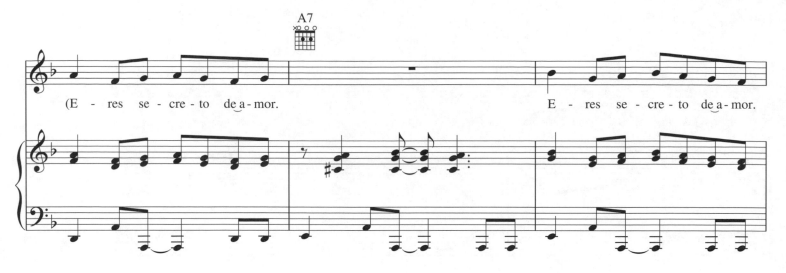

(E - res se - cre - to de a - mor. E - res se - cre - to de a - mor.

E - res se - cre - to de a - mor.) Se - cre - to.

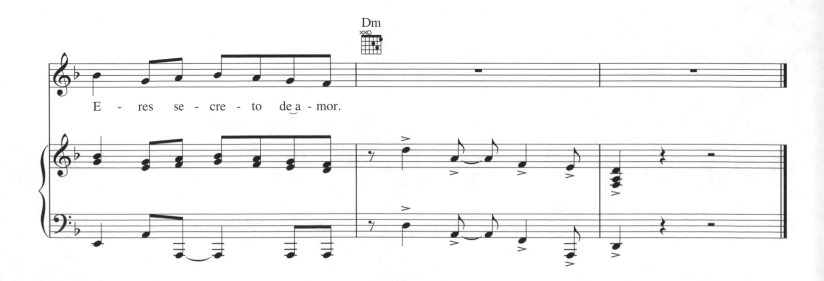

E - res se - cre - to de a - mor.

SUFRIENDO A SOLAS

Words and Music by
JOSÉ ÁNGEL ESPINOSA ARAGÓN

e - llos mis su - fri - mien - tos.

Aun - que les a - gra -

dez - co, que se preo - cu - pen por mi do -

lor.

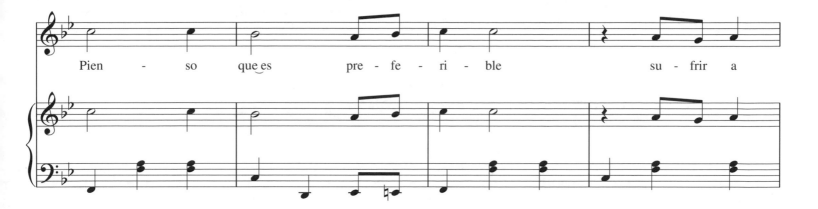

Pien - so que es pre - fe - ri - ble su - frir a

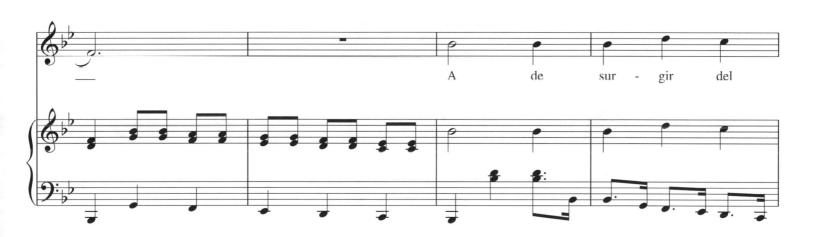

so - las, mi cruel tor - men - to. _____

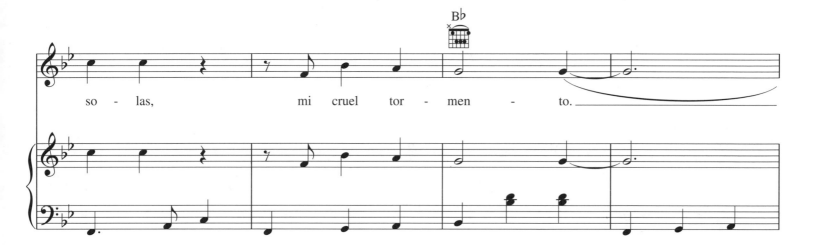

_____ A de sur - gir del

cie - lo, del in - fi - ni - to del más

a - llá. _____

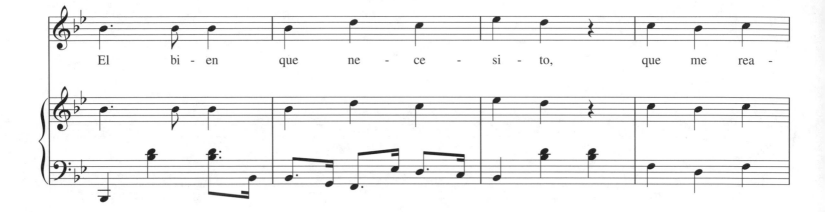

El bi - en que ne - ce - si - to, que me rea -

F7

ni - men _____ y me con - sue - len. _____

_____ Quie - ro que sé me bo -

-rren, to - das la pe - nas,

que me de -

jó._____

Que e - lla, quien yo a - do - ra - ba,

y sin em -

bar - go, me a - ban - do - nó._____

Car - tas, re - tra - tos vie - jos, ha - cen más tris - te, mi so - le - dad. ¿Por qué me traen re - cuer - dos, de ho - ras fe -

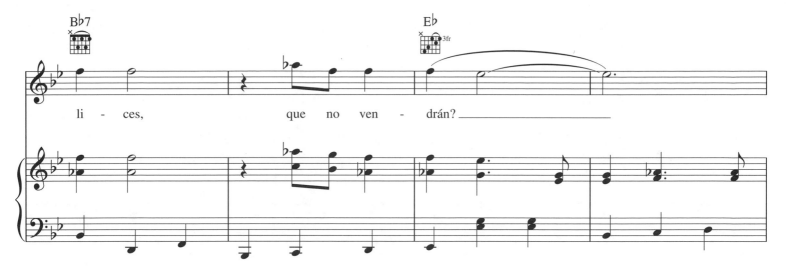

li - ces, que no ven - drán? _____

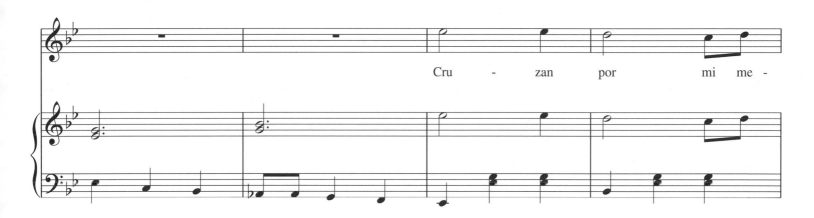

Cru - zan por mi me -

mo - ria sus ju - ra - men - tos, sus fal - se - da -

- des, que pa' mi siem - pre, fue - ron ver -

da - des, pe - ro que hoy, _____

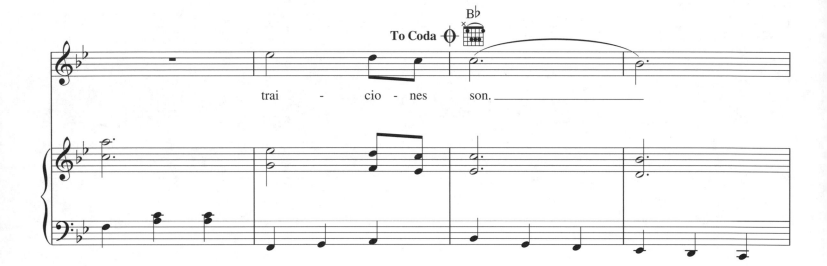

trai - cio - nes son. _____

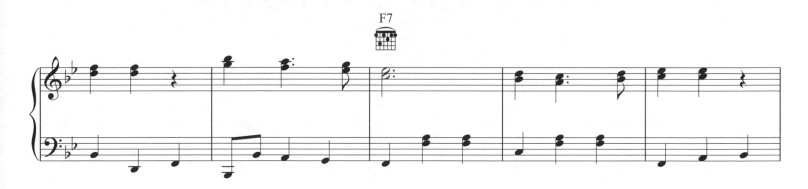

TE REGALO LA LLUVIA

Words and Music by
FATO

Te re-ga-lo la

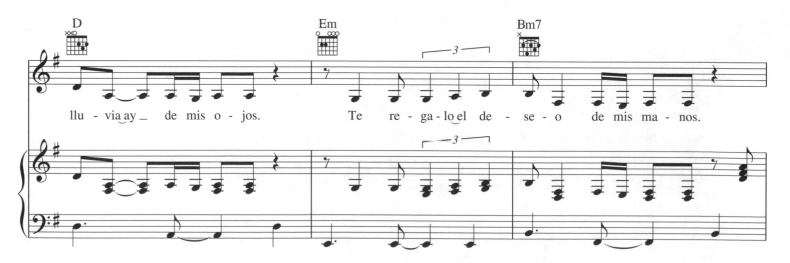

llu-via ay _ de mis o-jos.　Te re-ga-lo el de-se-o de mis ma-nos.

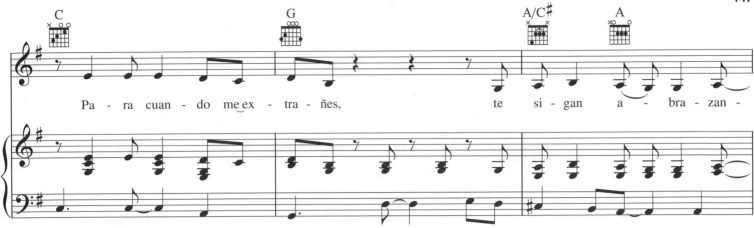

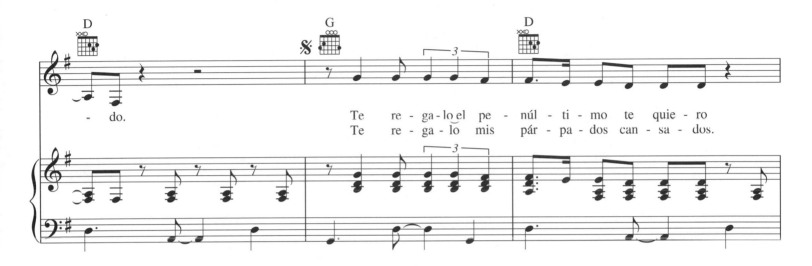

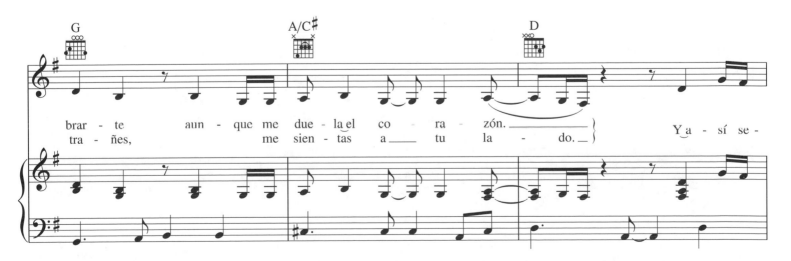

rá, por-que el ol - vi-do es u - na for-ma de pen - sar-te. Y aun-

que mi co-ra-zón se sien-ta he - ri - do, no ten-go más re - me - dio { que ex - / que a -

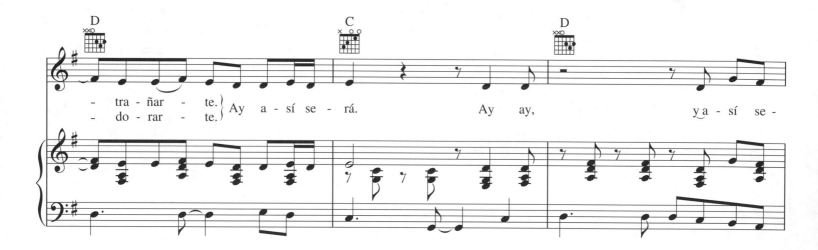

- tra - ñar - te. } Ay a - sí se - rá. Ay ay, y a - sí se -
- do - rar - te. }

rá, por-que si di - go que ja - más te a - mé, no ex - is - to. Me

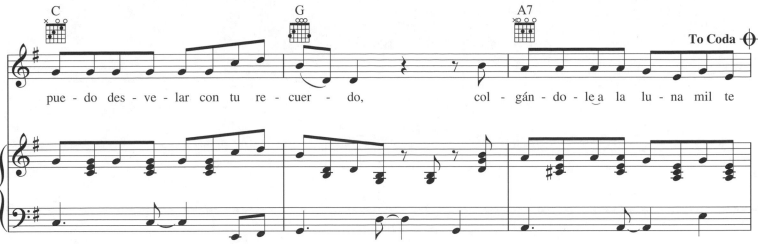

puedo desvelar con tu recuerdo, colgándole a la luna mil te

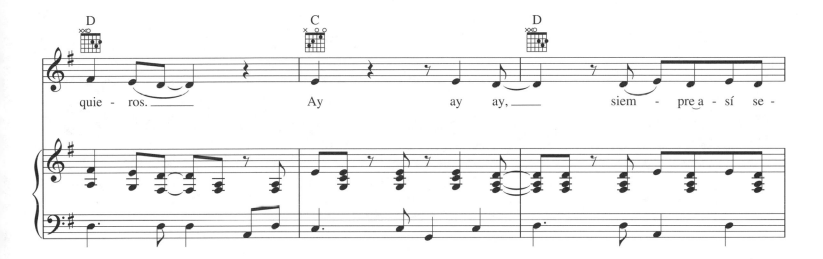

quieros. Ay ay ay, siempre así se

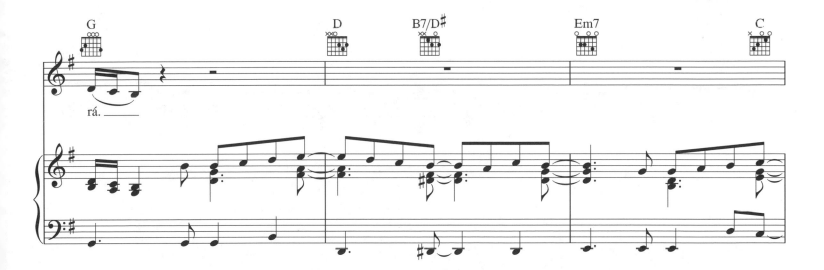

rá.

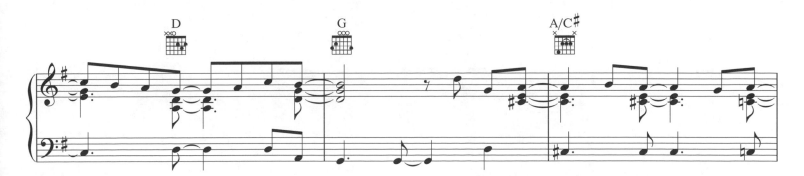

150

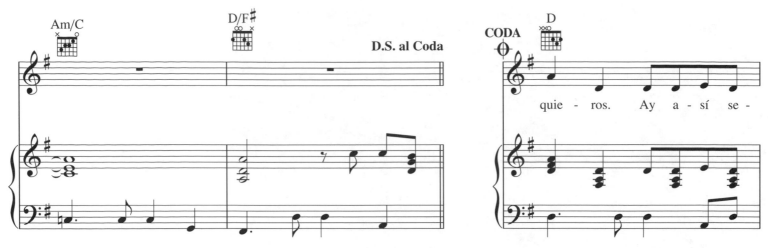

151

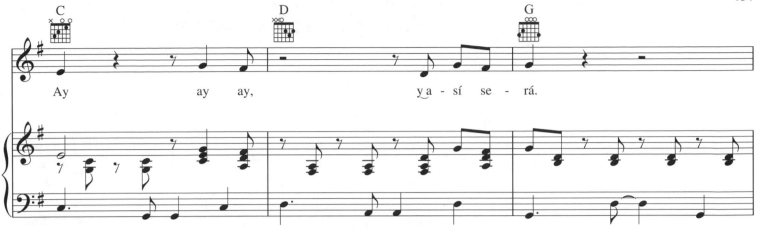

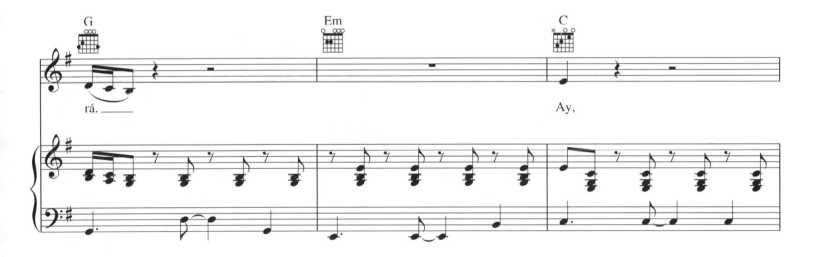

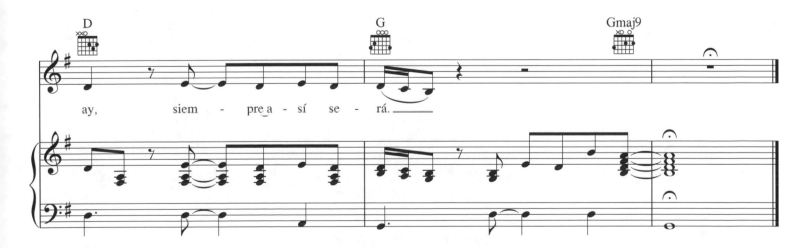

TE SOLTÉ LA RIENDA

Words and Music by
JOSÉ ALFREDO JIMÉNEZ

be - sos   en los pro-pios bra - zos   del que es-te con - ti - go.

Vas a sen - tir que llo - ras

sin po-der si - quier - a de - rra - mar   tu llan - to.

Y has de que-rer mi - rar-te   en mis o - jos cla - ros

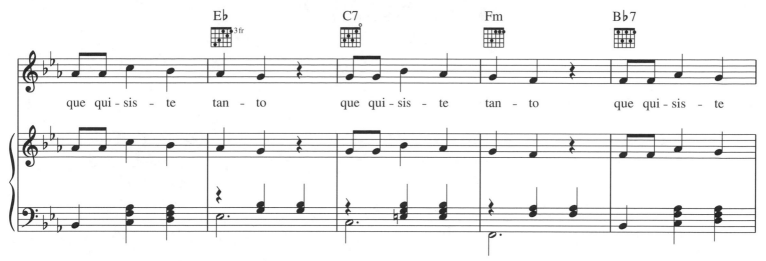

que qui-sis -te tan -to que qui-sis -te tan -to que qui-sis -te

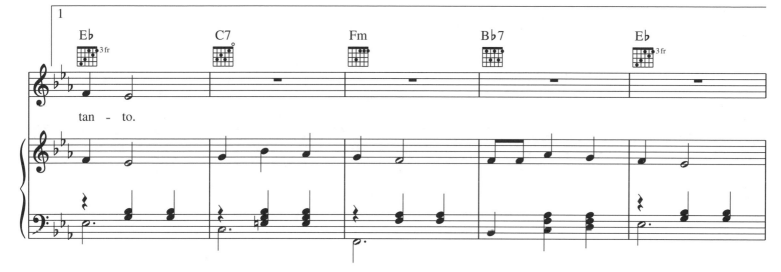

tan -to.

cuan-do se quie-re a -tan -to

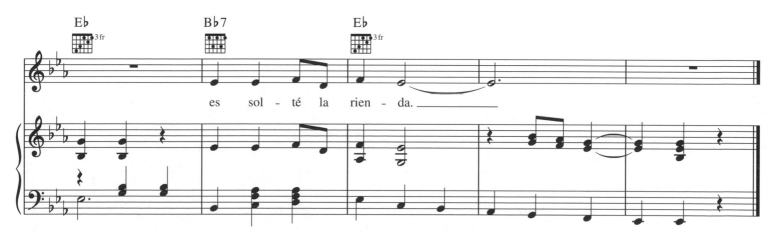

es sol -té la rien -da. _____

UN SUEÑO

Words and Music by
GUSTAVO AVIGLIANO

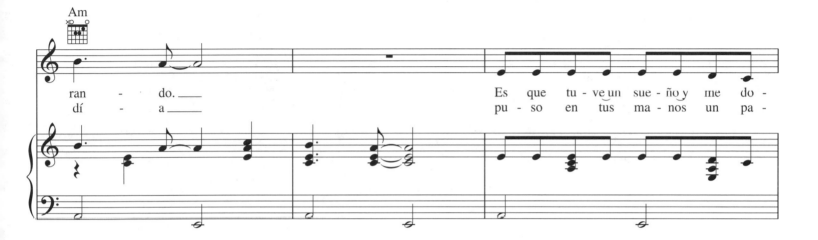

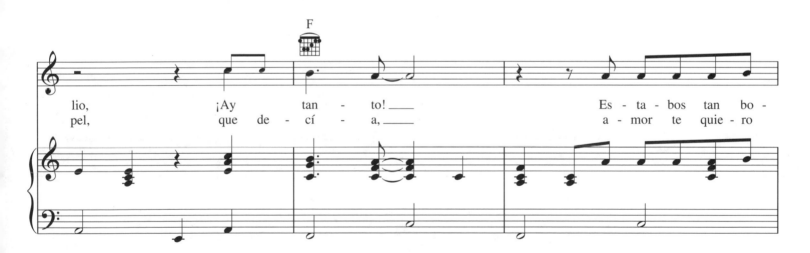

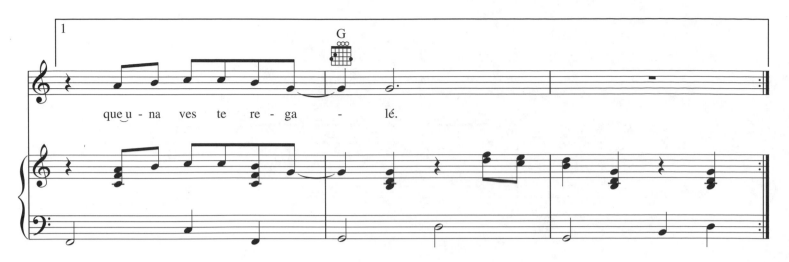

que u - na ves te re - ga - lé.

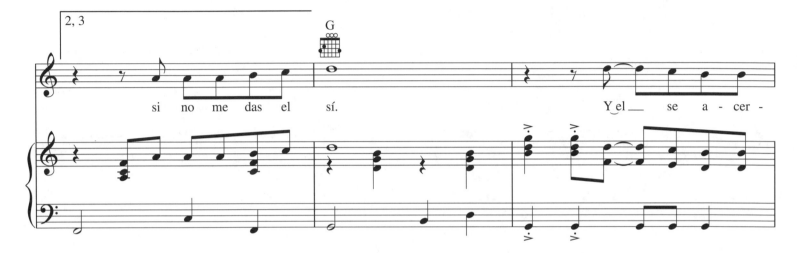

si no me das el sí. Y el_ se a - cer -

có, te qui - so dar un be - so. Se - rá por e - so, que Dios me des - per -

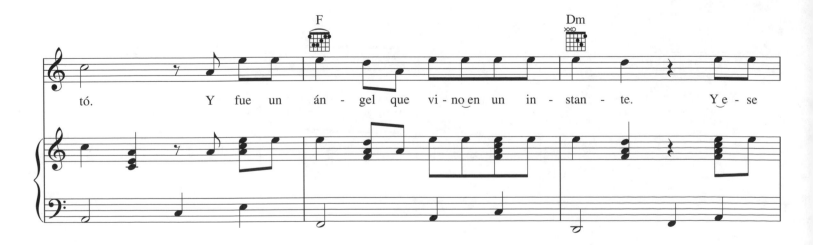

tó. Y fue un án - gel que vi - no en un in - stan - te. Y e - se

sueño por suerte, ter-mi-no un sue-ño, _____

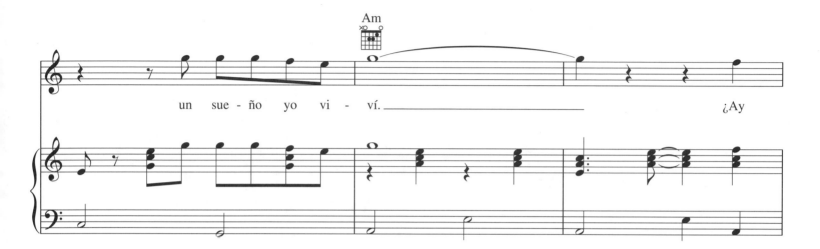

un sue-ño yo vi-ví. _____ ¿Ay

ni-ña, _____ es-tás jun-ti-to a mí?

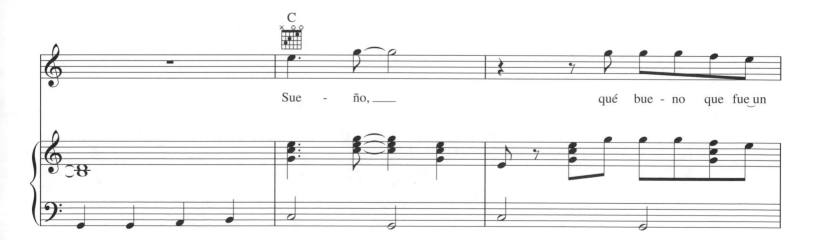

Sue-ño, _____ qué bue-no que fue un

160

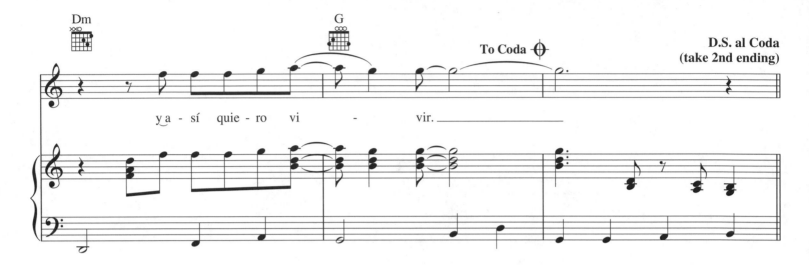

suie - ño.　　　　　　　　Hoy soy tu ú - ni - co due - ño, ___

y a - sí quie - ro vi - vir. _____

D.S. al Coda
(take 2nd ending)

CODA

Sue - ño, ___　　　　un sue - ño yo vi - ví.

¿Ay ni - ña, ___　　　　es - tás jun - ti - to a mí?

Sue - ño, __ qué bue - no que fue un sue - ño.

Hoy soy tu ú - ni - co due - ño, __ y a - sí quie - ro vi - vir. _____

UN IDIOTA

Words and Music by
JOAN SEBASTIAN

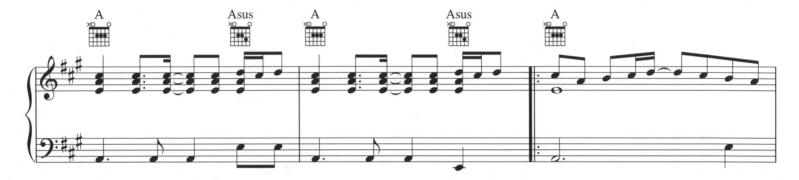

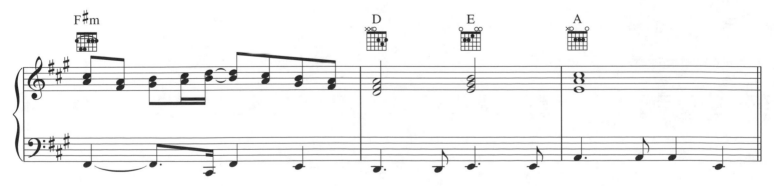

Sé que te mar-chas-te sin sa-ber, ___ sin es-cu-char, ___ sin com-pren-der, ___
Sé que o-tro a-mor __ en-con-tra-rás, ___ que te dé luz, que te dé paz, ___

___ que hay u-na da-ga en-ve-na - da a-quí en ___ mi
___ que te dé to - do lo que yo _____ no su-pe

pe - cho. _____ El mal ya es - tá he - cho a-ho - ra
dar - te. _____ Qui - sie-ra a-bra-zar - te, pe - ro

sé que no me-rez-co tu per-dón, ___ que lás-ti-me ___ tu co-ra-zón. ___
sé que no me-rez-co tu per-dón, ___ que lás-ti-me ___ tu co-ra-zón. ___

Hoy me a - ver - güen - zo, fui el mo - ti - vo de ___ tu
Y hoy nau - fra - go en es - te mar ___ de tu a - ban -

llan - to, ___ que - rién - do - te tan - to. Pues te
do - no, ___ ni yo me per - do - no. Y te

a - mo, ___ te a - mo. ___ Soy un i - dio -

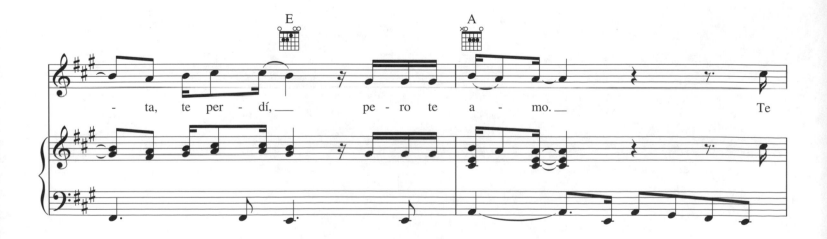

- ta, te per - dí, ___ pe - ro te a - mo. ___ Te

a - mo, _____ te a - mo. _____ Soy un i - dio -

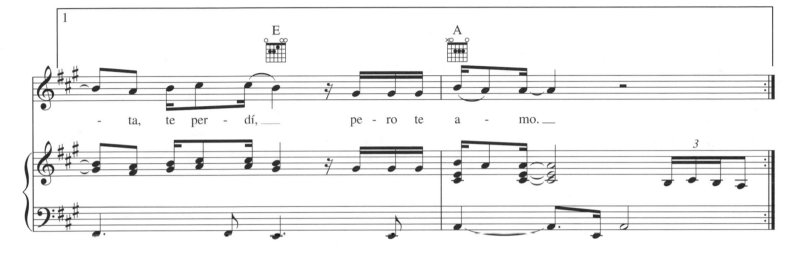

- ta, te per - dí, _____ pe - ro te a - mo. _____

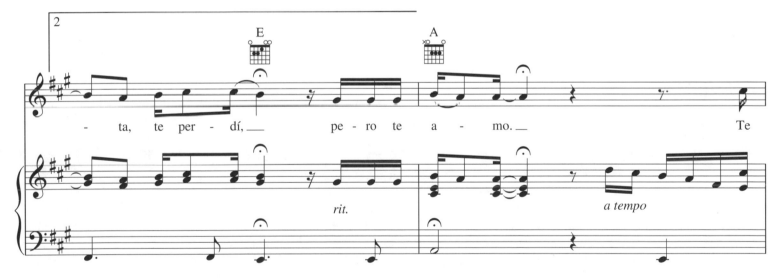

- ta, te per - dí, _____ pe - ro te a - mo. _____ Te

rit.   *a tempo*

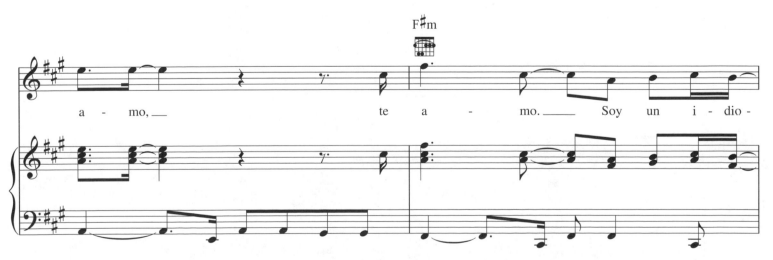

a - mo, _____ te a - mo. _____ Soy un i - dio -

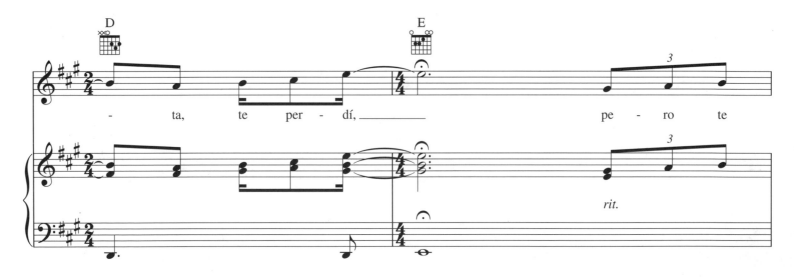

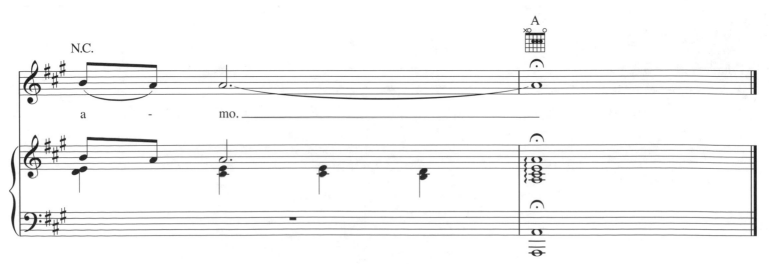